# 하여, 그말씀 그대로[1]
## 베드로전후서

# 하여, 그말씀 그대로[1]
## 베드로전후서

지은이 | 윤영철
펴낸이 | 원성삼
펴낸곳 | 예영커뮤니케이션
초판 1쇄 발행 | 2021년 7월 12일
등록일 | 1992년 3월 1일 제 2-1349호
주소 | 03128 서울시 종로구 대학로3길 29, 313호(연지동, 한국교회100주년기념관)
전화 | (02)766-8931
팩스 | (02)766-8934
이메일 | jeyoung@chol.com
ISBN 979-11-89887-42-1 (04230)
ISBN 979-11-89887-41-4 (04230) 세트

값 15,000원

모든 인간은 하나님의 형상을 닮은 존귀한 존재입니다. 사람은 인종, 민족, 피부색, 문화, 언어에 관계없이 모두 다 존귀합니다. 예영커뮤니케이션은 이러한 정신에 근거해 모든 인간이 존귀한 삶을 사는 데 필요한 지식과 문화를 예수 그리스도의 사랑으로 보급함으로써 우리가 속한 사회에 기여하고자 합니다.

# 하여, 그말씀 그대로[1]

## 베드로 전후서

윤영철 지음

박영철 목사 | 前 침례신학대학교 실천신학교수·명예교수,

現 전신자사역훈련원장·주님의기쁨교회 담임 | 『구멍 난 복음을 기워라』의 저자

저자는 한국해양대학교를 졸업하고 미국 유학을 거쳐 침례신학대학원에서 신학을 공부한 후 교회를 개척해서 오늘까지 성실하게 오로지 부활하신 주님과 주님의 교회 세우는 일에만 전심전력을 다해온 참으로 보배로운 목사입니다. 특히 그는 일상의 삶 속에서 복음의 본질 인 부활에 대한 신선한 깨달음을 중심으로 성경 그대로 살아갈 것을 고백하고 있습니다.

저자는 부활예수를 주인으로 믿는 참 신앙을 통해 자신이 하나님의 작품이 되었다는 확신 가운데 오늘의 일상을 살아가며, 남은 생애 역시 더 풍성하고 세밀한 하나님의 계획을 이루 어감을 선포합니다. 그러나 주님이신 부활예수를 따르지 않고서는, 생명과 약속의 말씀 앞 에 자신의 중심을 내어놓지 않고서는, 또다시 악성과 악습에 묶여버려 그토록 풍성하고 세 밀한 하나님의 계획을 결단코 경험할 수 없음도 일깨웁니다.

저자는 이러한 참 신앙을 심중에 두고 사도 베드로가 베드로전서와 베드로후서에서 말하는 바를 한 구절 한 구절 풀어주었습니다. 그의 이러한 시도의 목적은 다음과 같은 글에 그대 로 배어 있습니다.

"오늘이라는

내게 가장 합당한 때에

참 신앙의 일상을 경험하게 하소서.

참 신앙의 증거를 남기게 하소서.

참 신앙의 고백을 나누게 하소서.

부활예수를 알고 믿는 사람답게!

진실로!"

이 책은 주석서도 아니며 강해서도 아닙니다. 우리가 늘 사용하는 경건한 종교 용어들을 늘어놓지도 않았습니다. 참 신앙을 가진 그리스도인들이 부활하신 예수님을 주님으로 믿는 자답게 일상에서 경험하는 바를 일상적인 언어로 해석하며 이해하도록 저술되었습니다. 따라서 이 책을 통해 누구나 쉽게 자신의 생활과 연관시켜 그 의미를 이해하고 실천할 수 있도록 한 것이 큰 장점이며 특징이라 할 수 있습니다. 각 장을 각 구절별로 또는 문구별로 차분하게, 일상적인 용어로 알기 쉽게, 그러면서도 깊은 통찰력을 가지고 현장의 삶에 연결시키고 있는 보기 드문 빼어난 책으로 독자들에게 다가가고 있습니다.

이 책을 주님을 사랑하시는 모든 그리스도인들에게, 특히 부활예수를 자신의 삶의 주님으로 모시고 성령의 도우심을 받아 주인 되시는 부활예수께 절대순종하기를 배우기 원하는 믿음의 사람들에게 강력히 추천합니다.

김기현 목사 | 로고스서원 대표 | 『모든 사람을 위한 성경묵상법』의 저자

다수의 글 쓰는 이들이 스스로를 자학한다. 두 가지이다. 하나는 왜 글이 안 써지는 걸까? 다른 하나는 왜 글처럼 안 사는 걸까? 무릇 글은 그 사람일진대 자신을 감출 수 없고, 더군다나 타인을 속일 수 없다. 글과 삶 사이의 틈바구니에서 몸부림친다. 그렇게 양자 사이의 간극은 메워질 듯 하지만 결코 하나로 합치되지 않는다. 이는 작가만이 아니라 목사들의 고민이기도 하다.

작가이자 목사인 내게 가장 부러운 이는 말과 삶, 즉 언행일치하는 이들이다. 내 주변에 그런 이들이 여럿 있는데, 그중 한 분이 바로 윤영철 목사이다. 그는 우직하다. 우직하다 함은 이 책의 언어로 말하면, 반복을 잘한다는 뜻이다. 영적 훈련이란 말은 영적 습관 들이기에 다름 아니다. 몸에 밴 말씀 사랑의 산물이 바로 이 책이기에, 둘 사이의 간극이 얇고, 거리가 짧다. 그저 부러울 뿐.

또한 우직하다 함은 한 개인의 성격을 가리키는 것이 아니다. 말씀에 대한 충성심을 가리킨다. 말씀의 능력을 믿는다는 것이다. 사람을 귀하게 여기고, 귀한 영혼들에게 최고의 것인 말씀 사역에 한결 같다. 말씀과 말씀 묵상은 교회 성장의 방법론도, 다양한 프로그램의 하나가 아니다. 전부다. 그리고 기초다.

이 글을 쓰는 지금 내게는 어제도 오늘도 내일도 한결같이 말씀 앞에 무릎 꿇고 마음의 고개를 조아리며, 성경에 푹 빠져 있을 저자가 생각난다. 그리고 저자의 묵상글을 통해 내 마음 밑바닥에서 올라오는 묵직하고도 묘한 힘을 느꼈다. 말과 삶의 일치에서 우러나온 힘이리라. 그 힘을 힘입어 말하건대, 우직한 말씀의 사람이고자 한다면, 말씀이라면 무조건 순종하겠다는 마음이 있다면, 이 책은 바로 당신을 위한 책이라고.

김주철 목사 | 시인·삼천포평화교회 담임 | 『인문학으로 읽는 성경』의 저자

## 같은 맛, 같은 향, 같은 감동

모름지기 묵상의 비결은 눈높이를 맞추는 데 있습니다. 가령 저자는 백도의 온도에서 써 내려갔는데 독자는 고작 오십 도에서 읽는다면 그 길이와 높이와 깊이를 어찌 다 알겠습니까. 그 오묘한 진리와 은혜의 감동을 어찌 다 깨달을 수 있겠습니까. 냉동 포장된 곰탕도 제 맛을 느끼려면 같은 온도에서 다시 끓여야 하거늘 하물며 하나님의 말씀인 성경은 더 말해 무엇 하겠습니까.

이 책의 저자인 윤영철 목사는 오랜 세월 성경을 달여 내어 같은 맛, 같은 향, 같은 감동을 전해주고 있습니다. 목회자로서의 사명인 좋은 꼴을 먹이기 위해서 필시 기도로 성경기자와 성령님과 함께 거닐었음이 틀림없습니다. 베드로 사도와 함께 고난과 순례의 여정에 동행하며 듣기도 하고 묻기도 했음이 분명합니다. 밧모섬의 사도 요한처럼 책을 펴서 읽을 자가 없어 통곡한 흔적들이 역력해보입니다. 천사의 샅바를 잡고 몸부림친 얍복강 나루의 간절한 기도가 있었기 때문일 것입니다.

이 책이 풍부한 자료와 폭넓은 지식의 세계로 당신을 이끌지는 못할 것입니다. 그러나 한 절 한 절 읽을 때마다 촌철살인 같은 깊은 울림에 이내 마음이 진동되어 눈시울은 젖어들며 무릎은 벌겋게 달아오르게 될 것을 상상하기란 그리 어려운 일이 아닙니다.

하여, 이 책을 추천하는 일에 조금도 주저하지 않습니다. 독자들도 윤 목사의 세밀한 붓길 따라 거닐게 되면 동일한 은혜를 깨닫고 누릴 수 있으리라 확신하기 때문입니다. 마뜩잖은 일을 부탁 받고 어쩔 수 없이 쓰는 글도 간혹 있겠지만 따끈한 원고를 열었을 때 마치 공개되지 않은 저자의 일기장을 넘겨보는 설렘을 감출 수 없었습니다. 두루마리를 통째로 삼켜 인고의 세월을 보내며 해산의 수고를 감내하여 거둔 찬란한 결실에 박수를 보냅니다. 더불어 이 책을 추천할 수 있어 기쁨과 감사를 함께 전합니다.

Jacob Morse | Field Director | Word of Life Korea(한국생명의말씀협회)

Pastor Youn's meditations are simple and profound reflections on the Word of God. Simple in that they are written for anyone who wants to understand the clear message of God's Word. Profound in that they are written with insight that reflects the genuine power of God's Word.

윤 목사의 묵상들은 하나님의 말씀에 대한 단순하면서도 심오한 성찰입니다. 누구든지 하나님이 말씀하시는 선명한 음성을 이해하고자 하는 사람을 위해 쓰였다는 점에서 단순하며, 하나님 말씀의 진정한 능력을 드러내는 통찰력으로 쓰였다는 점에서 심오합니다.

God's Word is not only for reading. Just like a good cup of tea with a good friend is not meant only for drinking. The experience is meant to be treasured. We ought to take time to enjoy the smell, the warmth, the atmosphere, the texture, the fellowship, the taste, and the love. Pastor Youn's writing helps one slow down and experience the Word in this way as it is.

'좋은 벗과 함께 질 좋은 차 한 잔을 마신다.'라는 것이 단지 차를 마시기 위함이 아닌 것처럼, 하나님의 말씀은 단지 읽기 위함만이 아닙니다. 그 경험이 소중한 것입니다. 우리는 그 향기, 그 따스함, 그 분위기, 그 질감, 그 우정, 그 맛, 그 사랑을 누릴 시간을 가져야 할 것입니다. 윤 목사의 글은 이와 같이 읽는 이로 하여금 속도를 늦추고, 말씀을 있는 그대로 경험하도록 도와줍니다.

I believe God will use this book to encourage many to taste God's Word in this way. Pastor Youn's writing is encouraging and helpful to supplement daily Quiet Time and for more indepth Bible Study. May God use it to draw many others into a deeper intimacy with Him.

내가 믿기는, 하나님이 이 책을 사용하셔서서 많은 사람들로 하여금 하나님의 말씀을 이처럼 맛보도록 격려해 줄 것입니다. 윤 목사의 글은 매일의 경건훈련뿐만 아니라, 성경을 더 깊이 연구하고자 할 때에도 힘이 되고 도움이 될 것입니다. 부디 하나님이 이 책을 통해서 많은 사람들을 하나님과의 더욱 친밀함 가운데로 이끄시길 기도합니다.

김두형 목사 | 글로벌하담기독학교


## 마도로스를 꿈꿨던 진품의 베드로를 회고(回顧)하며

한때 마도로스를 꿈꿨던 그의 오랫동안의 삶을 지켜본 나는 "진품 없는 가품은 존재하지 않습니다."라는 그의 말처럼 그야말로 그가 진품임을 확신한다.

20여년 이상 그를 지켜 본 사람으로서 뱃사람 베드로와 같은 성품을 지닌 것으로 각인돼 있다. 그래서 "너무나도 단순하고 명쾌한 하나님의 안내와 지시를 전적으로 수용해야 합니다."라는 그의 말은 단 한글자도 틀리지 않는다. 그래서 그의 삶의 방식은 사람들을 끌어들이는 묘한 매력이 있다. 그런 그의 모습들이 그의 글 여기저기에 넘쳐난다.

  "부활예수를 아는 것 같아 보여도

   실상은

   부활의 소망이 없는 오늘의 일상을

   혁명적으로 수정해야 합니다."

어찌 보면 과격하게(radical) 보이는 그의 표현대로 그는 예수 그리스도를 위해 모든 것을 혁명적으로 수정할 각오가 돼있고, 수많은 '예수의 흔적'들이 그의 삶을 뒷받침한다.

"그리스도인의 진면목을

일상을 통해 증거해야 하겠습니다.

오늘도 이런 즐거움을 맛보게 하소서. (중략)

이런 즐거움으로

시대의 아픔과 어려움을 이겨내게 하소서."

그리고 그 고통을 시대의 아픔으로 치환해 승화할 수 있는 안목도 가지고 있다.

그가 책을 낸다는 소식에 그의 책은 모진 폭풍과 파도와 싸우는 뱃사람의 모습이 투영돼 있으며, '바다 위를 걸으라.'는 예수님의 말씀에 제일 먼저 반응한 베드로처럼 시대의 고통과 문제를 앞장서서 외치고 있을거란 짐작을 했다. 그리고 나의 짐작은 전혀 다르지 않았다.

"반드시 충만하게 되고,

반드시 열매 맺게 할

정도(正道)를 걸어가게 하소서. (중략)

마침내

경건의 진미(眞味)를 맛보고 누리게 하소서.

더욱 더욱!"

그의 신앙을 통해 많은 사람들이 최상급 '경건의 진미'를 맛보게 될 것이고, 그 맛을 경험한 사람들 또한 그 길을 걸어가게 될 것임을 확신하며 일독(一讀)을 권한다.

행여 책이 어렵다거나 읽기 힘들거라 우려하는 사람들을 위해 한마디 첨언하겠다.

"세상이 번잡하고 불량할수록 믿음의 내용과 실제는 더욱 명쾌하고 단순해야 합니다."라는 그의 말이 그것은 기우(杞憂)임을 웅변해 주고 있다.

▪ ▪ ▪

💬

## 반복은 반드시 사람을 변화시킨다.

지극히 당연하고 간단하게 보여도, 이 말에는 좀 더 깊이 생각해보아야 할 무언가가 있습니다. '무엇을 어떻게 반복하느냐'에 따라 변화의 방향과 정도는 전혀 다른 결과를 만들어 내기 때문입니다. 들숨과 날숨의 호흡이 끊임없이 반복되어야 하고, 머리끝에서 발끝까지 혈액을 순환시키는 심장박동이 끊임없이 반복되어야 합니다. 이외에도 건강한 신체와 정신을 유지하기 위해서는 반복적인 활동이 반드시 필요합니다.

영적인 원리도 결코 다르지 않습니다. 결국 나와 이웃을 살리고 흥하게 하는 변화라면 그 반복은 앞으로도 마땅히 연장되어야 합니다. 반면, 나에게나 이웃에게도 무익할 뿐만 아니라, 오히려 해가 되고 있다면 그 반복은 나중이 아니라 지금 당장에 중단되어야 합니다. 이처럼 성령님의 역사가운데 부활하신 예수님이 나의 하나님이요 나의 주인으로 믿어져서 다시 태어난 그리스도인이 오늘도 '무엇을 어떻게 반복해야 하는가'는 아무리 주의해도 지나치지 않습니다. 겉사람만의 변화가 아닌 속사람까지의 변화는 신앙생활을 위한 바른 안내와 훈련을 끊임없이 반복함으로 인해 얻게 되는 좋은 열매입니다.

**❝❞**

## 한 사람 한 사람이 참 귀하다.

이제까지 목회자의 한 사람으로서 여러 형편과 처지의 사람들을 만나 듣기도 하고 묻기도 하면서 예수님을 전했고, 남은 생을 위해 성경으로 안내했고, 부족함 중에도 연약하고 소외된 자들을 돌아보았고, 제자로서의 삶을 살아가기 위한 훈련에 훈련을 거듭했고, 때를 따라 하나님의 살아계심을 삶으로 경험해왔고, 또다시 하나님의 섭리하심을 믿고 기다리며 간구해왔던 시간들이 주마등처럼 지나갑니다.

이와 같은 목회일상을 통해 재차 확인하게 되는 바는 '한 사람 한 사람'이 귀하다는 것입니다. 하나님께서 찾고 찾으시는 그 '한 사람'이 참으로 귀하다는 것입니다. 여전히 거센 세속의 물결 중에도 하나님의 거룩한 초대 앞에 고단한 삶과 어두운 경험에 찌든 사람들의 반응은 소극적인 혹은 부정적인 반응이 다반사였습니다. 그러다 육신적으로나 정신적으로 혹은 영적으로 그 형편과 처지가 더 이상 어찌할 수 없는 지경에 이르러서야 하나님을 찾게 되는 이들과 그토록 힘들었던 어둠의 터널을 전적인 하나님의 은혜로 통과한 후에는 하나님이 원하시고 기뻐하시는 삶의 자리로 더 이상 나아가지 않으려고 하는 미숙한 그리스도인들을 반복적으로 경험하면서, 좀 더 근원적이고 지속적으로 사람들을 살리고 깨울 수 있는 하나님의 지혜를 얻기 위해 그저 엎드릴 수밖에 없었습니다.

**❝❞**

## 무엇을 어떻게

기독신앙을 대변하는 명사들 대부분은 예외 없이 물질명사가 아닌 추상명사입니다. 손에 잡히지 않고 눈에 보이지 않는 추상명사이다 보니, 그만큼 두루뭉술하게 와 닿습니다. '은혜'가 그렇고, '믿음'이 그렇고, '사랑'이 그렇습니다. 이 외에도 그리스도인들의 입에 오르내리는 수많은 단어가 추상적이라서 그 의미를 이해하고 실천하는 모양 또한 제각각입니다. 그렇다고 해도 크고 작은 것은 그다지 문제가 되지 않습니다. 믿음이 클 수도 있고, 작을 수도 있기 때문입니다. 사랑이 많을 수도 있고, 작을 수도 있기 때문입니다. 그러나 '믿음'에 대한 이해가 왜곡될 때, 그 양이 크면 클수록 문제가 되고 심지어는 나와 이웃을 죽이기도 합니다. 하나님의 '은혜와 사랑'이 나의 욕심과 야망을 이루는 수단으로 둔갑할 때, 영락없이 이 땅에서의 복만을 구하며 살아가는 거짓된 신앙인이라는 정체가 반드시 드러나기 마련입니다.

그래서 성경이 반드시 필요합니다. '생명과 약속의 말씀'이라고 하는 성경입니다. 이 땅에서 그리스도인으로 다시 태어난 후부터는 '성경이 하나님의 말씀'이라는 사실을 해를 거듭할수록 더욱 선명하게 인식하고 인정해야 합니다. 그리고 때를 따라 반복적으로 들려지고 보여지는 수많은 추상명사를 이제는 볼 수 있고 들을 수 있는 성경의 구절구절들을 통해 바르게 이해하고 몸소 실천해야 합니다.

이와 같은 반복입니다. 기독신앙의 내용들을 바르게 알고 믿게 된 바대로, 정직하고 성실하게 살아내기를 반복해야 하는 것입니다.

💕

## 하여, 그말씀 그대로

언제부터인가 성경의 장절을 따라 묵상기도문을 남기고, 경건훈련 중인 이곳저곳의 성도님들과 목회현장에서 충성스럽게 사역하고 계시는 목회자님들과 해외선교사들님에게 SNS를 통해 나누면서, 그들로부터 여러 차례 회개와 회복과 결단의 동기를 얻고 있다는 연락을 받았습니다. 어떤 분들은 각자가 몸담고 있는 커뮤니티와 공유하기를 희망하면서 저의 '묵상기도문을 사용할 수 있겠는지'를 문의하기도 하는 등등, 저의 부족한 글이 여러 곳에서 회자되고 있음을 알게 되었습니다.

이에, 그간의 묵상기도문들을 출간하여 더욱 많은 그리스도인들이 먼저는 '그리스도인이 된 자신을 위해서', 나아가 '시대와 환경과 사람과 교회를 향한 하나님 아버지의 마음을 깨닫고 회복하는데' 도움이 되었으면 하는 소망을 품게 되었습니다. 그리고 이즈음에 이르러서야

『하여, 그말씀 그대로(Hence, the Word as it is) : 베드로전후서』를 출간하게 되었습니다. 부족한 이 책의 내용들이 때마다 일마다 힘든 시절을 마주하며 인내하고 있는 그리스도인들에게 이 모양 저 모양으로 힘과 위로가 되기를 기도합니다.

●●

## 감사한 동역자들

내가 감당할 수 있는 목회는 최대 오십 퍼센트임을 늘 인정할 수밖에 없습니다. 1999년 5월 어느 날, 거부할 수 없는 목회자로의 부르심으로 인해 가고 있던 발걸음을 옮겼을 때 어떠한 저항도 없이 보장된 교직을 내려놓고 불안정하고 그래서 때로는 불편한 목회여정에 전적으로 동참해 준 사랑하는 아내(김선재)에게는 지금이나 앞으로도 최소 오십 퍼센트의 목회 몫이 있습니다. 참으로 귀하고 고마운 배필입니다. 또한, 지난 긴 시간동안 숱한 물리적인 제약과 장벽에도 주눅 들지 않고 영적으로나 학문적으로도 깊이를 더해왔던 딸들(예원, 하원)도 참으로 귀하고 고마운 선물입니다. 나아가, 예수님의 몸된 한아름공동체교회 지체들은 이제까지 목회의 기쁨이요 자랑입니다. 모쪼록, 이 책이 사랑하는 이들에게도 큰 힘이 되고 큰 위로가 되기를 소망합니다.

끝으로, 이 책의 출간을 함께 기뻐하며 흔쾌히 추천의 글로 섬겨주신 박영철 교수님, 김기현 목사님, 김주철 목사님, Jacob Morse 선교사님에게 감사드립니다. 그리고 예리한 분별력과 분석력으로 원고의 처음부터 끝까지 꼼꼼히 살펴보며 서평을 해 주신 김두형 목사님에게도 감사드립니다. 또한, 이 책이 세상에 알려지도록 다리가 되어 준 '좋은날풍경'의 박보영 선교사님과 편집에서 발행에 이르기까지 모든 과정을 맡아 수고해 주신 '예영커뮤니케이션' 원성삼 대표님과 직원분들에게도 감사드립니다. 아울러, 오늘이 있기까지 여러 모양으로 영적인 감흥과 일깨움을 더해주셨던 선후배 목사님들과 때마다 일마다 마음과 물질로 섬겨주셨던 선한 이웃들에게도 깊이 감사드립니다. 이 모든 것이 하나님의 은혜였습니다.

2021년 6월 | 부산 남산동에서 | **윤영철 목사**

**새사람**으로 다시 태어난 모든 그리스도인의 남은 생에 있어서 최고의 화두는 '부활'입니다. 일상의 곤고함과 분주함 중에도 풍성한 은혜와 사랑을 직접 경험하게 하고, 이후로도 그 풍성함을 지속적으로 누리게 하는 힘은 부활신앙에 있습니다. 결국, 부활소망이야말로 '내가 누구이고, 내가 대면하게 될 분이 누구이신지'를 지속적으로 기억하게 한다는 사실을 절실히 인식해야 합니다.

명명백백한 약속의 말씀 앞에서 나를 꺾는 순복함이 없는 사람은 분명히 '스스로가 하나님이 된 자'입니다. 다시 말해서, 창조주 하나님을 뛰어넘으려는 자기중심성에 갇혀버린 참으로 어리석은 자입니다. 이처럼 스스로 하나님이 된 죄가 얼마나 근원적이고 지독한지를 절실히 인식하지 않으면 예수님의 죽으심의 의미나 부활하심의 의미를 깨닫게 될 가능성은 전무합니다. 하나님의 말씀이라고 해도 그저 들어서 나쁠 것이 없는 덕담 정도로 받아들일 뿐, '왜 그토록 남은 생과 인격을 걸고 그말씀을 신뢰하고 살아내기를 지속적으로 결단해야 하는지'를 도무지 이해하지 못하는 영적무지 혹은 영적무감각의 상태를 반복하고 반복할 뿐입니다.

바른 신앙으로 한 시대를 살아갔던 믿음의 선배들을 살펴보면 예수님으로 인해 고난을 당하지 않은 자는 한 사람도 없었다는 사실을 절대로 외면해서는 안 됩니다. 그렇다면 오늘 나의 신앙생활도 고난 가운데 있어야 마땅하다 하겠습니다. 나의 무능함과 부패함으로 인해 고난을 당하는 것이 아니라 주인되신 예수님을 따름으로 그리고 세상의 흐름과는 대치되는 그말씀에 순종함으로 오해와 무시와 핍박을 당하는 형편을 기꺼이 감내할 수 있어야 한다는 것입니다.

말씀하신 그대로입니다. 약속의 말씀 그대로입니다. 참으로 유한한 자원에만 목을 내어 놓고 살아가고 있는 수많은 사람들을 향한 엄중한 경고의 말씀 그대로입니다. 더불어 변화된 존재로 신앙의 경륜만큼 지극히 수준 높은 삶을 마땅히 살아가야 할 그리스도인들을 향한 절절한 권고의 말씀 그대로입니다.

# 베드로전서

# 제1부

# 산 소망이
# 있게 하시며
## To a living hope

(베드로전서 1장)

# 예수 그리스도의 사도 베드로는 본도, 갈라디아, 갑바도기아, 아시아와 비두니아에 흩어진 나그네

때가 되어
부활하신 예수님 앞에
절대적으로 엎드렸고
남은 생의 사용권까지도
주인의 뜻에 따라
부단히 내어드리기를 선택하는
그리스도인으로 살아가기를
지극히 당연하게
여길 수 있어야 합니다.
세월이 지날수록
내 안에서 흘러나오는
이기적인 소리와
세상에서 울려 퍼지는
혼돈의 소리가
오늘의 품격을
얼마나 깎아 내리고
이미 세워진 삶마저도
얼마나 저속하게 만드는지를
철저히 자각해야 합니다.

이때에라도
이것저것 중요한 것들이
많다고는 하지만
남은 생의 의미를 더하고
아름답고 풍성한 그 무엇을
누리고 전수하고 싶다면
보이지 않는 실재를 향한
오늘의 열정과 수고를
결코 소홀히 해서는 안 됩니다.
여전히 더디고 초라하게 보일지라도
말로는 다 설명할 수 없는
지극히 합당한 이유를 가지고
변함없는 실재를 향한
오늘의 걸음걸음을
결코 멈추어서도 안 됩니다.
하여,
이처럼 선명하게 보여주고 있는
지난 믿음의 역사가
곧 나의 역사가 되기를

진지하게 소원해야 합니다.

살아 있는 믿음이 무엇인지를

마땅히 깨달아 분별해야 합니다.

더불어 늘 기억하며 살아가야 합니다.

이즈음에도

이미 충분한 것을 알고,

아직도 부족한 것을 알아

또다시

부활예수 앞에 엎드리고,

또다시

부활예수를 따라가게 하소서.

참 그리스도인으로!

| 02 |

곧 하나님 아버지의 미리 아심을 따라 성령이 거룩하게 하심으로 순종함과
예수 그리스도의 피 뿌림을 얻기 위하여 택하심을 받은 자들에게
편지하노니 은혜와 평강이 너희에게 더욱 많을지어다

진품 없는 가품은

존재하지 않습니다.

참 신앙이 없이는

거짓 신앙 또한

생겨나지 않는 것입니다.

부활예수를 주인으로 믿는

참 신앙이라는 것이

믿어져서 믿고 보니

내가 만들어낸 작품이 아니라

내게 가장 합당한 때에 만들어진

하나님의 작품이라는 사실이

철저히 깨달아집니다.

더불어

남은 생을 향한 하나님의 계획은

더 풍성하고 세밀하다는 사실도

철저히 깨달아집니다.

이후로도

참으로 부활예수를 따르지 않고서는

지난 구제불능의 삶을
결단코 청산할 수 없다는 사실을
철저히 깨달아야 합니다.
참으로 생명과 약속의 말씀 앞에
나의 중심을 내어놓지 않고서는
여전히 악성과 악습에 묶여
그토록 풍성하고 세밀한
하나님의 계획을
결단코 경험할 수 없다는 사실도
철저히 깨달아야 합니다.
하여,
오늘도 나를 이기고도 남는
가장 완벽한 방법을
또박또박 상기해야 합니다.
너무나도 단순하고 명쾌한

하나님의 안내와 지시를
전적으로 수용해야 합니다.
행여 가다가 지칠 때에라도
조금도 떠나지 아니 하시고
오히려 더욱 큰 힘으로 붙잡고 계시는
성령님의 도우심을
간곡히 요청해야 합니다.
이처럼
오늘이라는
내게 가장 합당한 때에
참 신앙의 일상을 경험하게 하소서.
참 신앙의 증거를 남기게 하소서.
참 신앙의 고백을 나누게 하소서.
부활예수를 알고 믿는 사람답게!
진실로!

| 03 |

우리 주 예수 그리스도의 아버지 하나님을 찬송하리로다
그의 많으신 긍휼대로 예수 그리스도를 죽은 자 가운데서 부활하게
하심으로 말미암아 우리를 거듭나게 하사 산 소망이 있게 하시며

새사람으로 다시 태어난
모든 그리스도인들의 남은 생에 있어서
최고의 화두는 '부활'입니다.
일상의 곤고함과 분주함 중에도
풍성한 은혜와 사랑을
직접 경험하게 하고,
이후로도 그 풍성함을
지속적으로 누리게 하는 힘은
부활신앙에 있습니다.
결국
부활소망이야말로
내가 누구이고
내가 대면하게 될 분이 누구이신지를
지속적으로 기억하게 한다는 사실을
절실히 인식해야 합니다.
이미 보여주신 말씀 그대로,
부활이 없다면
참으로 비참한 생이 될 것입니다.
다시 말해서
부활이 있기에

영원한 생명이 보장되고,
부활이 있기에
오늘의 수고와 땀이
의미를 더해가는 것입니다.
이제 믿고 있는 말씀 그대로,
부활하신 예수님처럼
나의 부활 또한 반드시 있을 것입니다.
하여,
오늘도 내일도
새사람의 됨됨이와 품격에
무지무각한 자로 살아가는
삶이 아니라
이미 받은 구원의 의미를
더욱 성장시키고 성숙시키는
믿음의 삶을 살아가게 하소서.
어둡고 부패한 세상의 이모저모를
당당히 직면하고 이겨내는
믿음의 삶이 되게 하소서.
부활신앙으로!
부활소망으로!

# 썩지 않고 더럽지 않고 쇠하지 아니하는 유업을 잇게 하시나니
# 곧 너희를 위하여 하늘에 간직하신 것이라

세월이 지날수록 나이만 더해가는
그런 그리스도인이 아니라
지나간 세월만큼 부활예수를 믿는
신앙의 경륜과 책임성이 더해지는
바른 영성의 안내자가
되어야 마땅합니다.
부활예수를 나의 주인이라고 고백해도
바른 영성에 대한 바른 이해와
지속적인 관심의 끈을 놓아버리면
이내 세상의 급류에
휩쓸려 떨어지고 마는 것이
무능하고 부패한
그리스도인의 현실입니다.
비록 바른 영성을 알았다고는 하지만
아는 대로
그리고 믿는 대로 살아낼 수 없는
지극히 제한적인 일상을
반복할 뿐입니다.
그럼에도 불구하고

하나님의 은혜와 사랑에 대한
지나친 기대감으로
무너져 가고 있는 내면과
일그러져 가고 있는 모습을
수정하기를 지연시키고,
심지어 거부하려 드는 것이
동시대를 살아가는
참으로 무능하고 부패한
그리스도인의 현실입니다.
하여,
적어도 나는
참으로 신실한 신앙의 모델이 되기를
간절히 소망해야 합니다.
그토록 이기적인
나의 중심성을 비워낸 그 자리에
하나님과 그말씀과
주님의 몸된 교회를 향한 바른 이해로
부단히 채워 넣기를 수고해야 합니다.
그리고

그 교훈과 명령을 따라 살아가기를
훈련하고 훈련해야 합니다.
이로써
하나님의 마음을
더욱 잘 깨달아 알게 될 것입니다.
이로써
하나님의 마음에 합한 삶을

더욱 힘 있게 살아가게 될 것입니다.
이로써
참 소망의 사람이 될 것입니다.
이로써
바른 영성의 안내자가 될 것입니다.
참으로!

| 05 |

## 너희는 말세에 나타내기로 예비하신 구원을 얻기 위하여
## 믿음으로 말미암아 하나님의 능력으로 보호하심을 받았느니라

오늘의 화려함이나 고단함에
너무나 취한 나머지,
영원한 실상을 소홀히 여기고 대하면
어김없이 찾아오는 원치 않는 손님을
맞이할 수밖에 없는 법입니다.
시간이 지나도 여전히
육체의 정욕과 안목의 정욕과
이생의 자랑거리로
일상을 채워나가고 있다면
필연적으로 겉사람의 낡아짐과 함께

이미 받은 구원의 의미도 희미해지고
오늘도 사모하고 기대해야 할
부활의 소망은
남의 일이 되고 마는 법입니다.
하여,
오늘 나의 가장 큰 즐거움은 무엇인가를
정직하게 살펴보고 수정하려는 시도가
오늘도 하나님의 자녀다운 자녀로
살아가고 있다는 증거이니,
때마다 들려주시고 보여주시는

생명과 약속의 말씀 앞에
자원함과 기쁨으로 순종하여
부패하고 무능한 옛사람과는 구별된
아름답고 멋있는 새사람이 되어야
마땅하다 하겠습니다.
하여,
그말씀 없이도 살아갈 수 있다는
무지무각한 자신감을
내려놓아야 합니다.
부활예수를 아는 것 같아 보여도
실상은
부활의 소망이 없는 오늘의 일상을
혁명적으로 수정해야 합니다.
또다시 찾아온 나를 위한 기회를
덧없이 지나쳐 보내버리는

악성과 악습을
단호히 끊어버려야 합니다.
이를 통해
남은 생의 승리자로
이끌어 주실 것입니다.
부활의 증인으로 세워주실 것입니다.
그 감격을 누리고
누리게 하실 것입니다.
그 언젠가 경험하게 될 일들을
날마다 바라보게 하소서.
오늘도 내일도
살아계신 하나님의 마음으로
일상을 일구어내는
그리스도인이 되게 하소서.
참으로 신실하게!

| 06 |

그러므로 너희가 이제 여러 가지 시험으로 말미암아
잠깐 근심하게 되지 않을 수 없으나 오히려 크게 기뻐하는도다

부활예수를 주인으로 여기는 삶은
나의 본성을 불편하게 만듭니다.
그저 느끼고 생각하고
경험해왔던 익숙함을
때로는 과감하게
수정해야만 하는 부담을
부단히 요청하기도 합니다.
더구나
내면으로부터 시작된 저항이
세상의 흐름과 뜻을 같이했을 때는
마땅히 경험해야 할
그리스도인의 삶이라는 것도
그렇게 하찮고
어리석게 여겨지는 법입니다.
부활예수가
하나님이시라는 사실이 믿어지고,
더불어
부활예수를 주인으로 믿지 않는 것이
죄라는 사실이 깨달아진다면
남은 생은 필연적으로
불편함을 감수할 수밖에 없음을
날마다 상기해야 합니다.

이와 동시에
주인으로 모신 예수님은
그 불편함 중에도 반드시
남은 생의 여백을
더욱 맑고 아름답게 채워나가심도
날마다 신뢰해야 합니다.
하여,
기쁨의 내용이 달라지고
감사의 내용도 달라지며
소망의 내용도 달라지는
참으로 놀라운 오늘을
살아가게 되는 것입니다.
이제 이후로도
하나님의 자녀답게 안내하는
그 길에 들어선 이상,
나아가기를 멈추지 않게 하소서.
때를 따라 함께 하시고
때를 따라 공급하시는
살아계신 하나님의 증거를
마음과 삶으로 경험하게 하소서.
오늘의 불편함과 부담감을 넘어서서!

너희 믿음의 확실함은 불로 연단하여도 없어질 금보다 더 귀하여
예수 그리스도께서 나타나실 때에 칭찬과 영광과 존귀를 얻게 할 것이니라

지금도
살아계시는 하나님
만나주시는 하나님
인격적이신 하나님을
믿고 살아가는 사람이라면
무지무각한 가운데 반복했던
지난 일상과는 다른 모습이 되기를
진심으로 사모해야 하겠습니다.
여전히 분주하고 고단한 일상 중에도
없는 시간을 만들어서라도
예수님을 생각하고 생각하며
주인되신 예수님과 대화하기를
반복하고 반복해야 하겠습니다.
결국 낡아지고 사라질 것들에
남겨진 열정과 활력을
또다시
덧없이 소진하는 모습이 아니라
남은 생도 더욱 빛을 내게 하고,

영원한 열매로 이어지게 만드는
생명과 약속의 말씀을
알아가고 알아가며,
순종하며 살아내기를
반복하고 반복해야 하겠습니다.
하여,
부활예수를 믿고 살아가는
그리스도인의 진면목을
일상을 통해 증거해야 하겠습니다.
오늘도
이런 즐거움을 맛보게 하소서.
이런 즐거움을 누리고
안내하게 하소서.
이런 즐거움으로
남은 생의 모습이 변화되게 하소서.
이런 즐거움으로
시대의 아픔과 어려움을
이겨내게 하소서.

예수를 너희가 보지 못하였으나 사랑하는도다
이제도 보지 못하나 믿고 말할 수 없는 영광스러운 즐거움으로 기뻐하니

나의 한계를 초월하시는
살아계신 하나님을 믿는 믿음으로
오늘을 살아가는 사람은
자기자원의 한계 내에서만
살아가고 있는 사람과는
본질적으로나 외형적으로
차원을 달리하는 증거를 드러냅니다.
감사할 수 없는 상황에서도
감사하고 있고,
기뻐할 수 없는 현실에서도
기뻐하고 있으며,
뜻 없이 덧없이 읊어대는
주문이나 주술이 아니라
인격적이신 하나님과의 친밀한 대화를
언제든지 어디에서든지 누리고 있는
수준 높은 삶을 살아가기 마련입니다.
더 이상 세상의 소리에
좌지우지 되는 것이 아니라
비록 여린 마음일지라도

변함없이 영원한 약속의 말씀에
뿌리를 내리고 집중시키며,
비록 미미할지라도
그 교훈과 명령대로
순종하며 살아내기를
훈련하고 또 훈련하기 마련입니다.
이처럼
부활예수를 주인으로 모시는
구체적인 삶의 증거들로 인하여
내일의 소망이 더해지고
남은 생 전체가
아름답고 풍성해 질 것이라는 기대감이
오늘도 차고 넘치는 것입니다.
참으로
믿음의 사람이 귀한 것입니다.
참으로
믿음의 삶이 아름다운 것입니다.
참으로
믿음의 증거들이 필요한 것입니다.

하여,
창조주 하나님 앞에
마땅히 엎드리게 하소서.
부활예수의 주인되심을
늘 기억하게 하소서.
도우시는 성령님을
인정하고 따라가게 하소서.
생명과 약속의 말씀이
깊이 뿌리내리게 하소서.
나의 마음과 삶 속에!
날마다!

## | 09 |
## 믿음의 결국 곧 영혼의 구원을 받음이라

어느 시대를 무론하고
부활예수를 믿는 그리스도인은
필연적으로
안과 밖으로부터의 저항을
직면하게 되고
인내함으로 성장하고
성숙해진다고 했습니다.
이후로도
기초와 과정과 지향점이 전혀 달라진
이 세상살이 중에도
믿는 바와 살아가는 바가 일치를 이루는

성숙된 신자가 되어야
마땅하다고 했습니다.
나아가
하나님의 자녀된 권세가 어떠한지를
날마다 깨닫고 기억하면서
오늘의 일상 중에도
나를 살리고 이웃을 살리는
창조적이고 적극적이고 긍정적인
말의 씀씀으로
아름답고 풍성한 열매를
만들어가야 마땅하다고도 했습니다.

이와 같은 삶을 선택할 때
살아계신 나의 하나님은
안과 밖의 문제를 넘어설 힘과 지혜를
반드시 공급하시고,
절망이 소망으로
슬픔이 기쁨으로
사망이 생명으로
변화되는 놀라운 역사를
반드시 경험하게 하십니다.
이로써

그리스도인다운 그리스도인으로
하나님의 자녀다운 하나님의 자녀로
성도다운 성도로
더욱 온전하게 살아갈 것입니다.
하여,
전적인 은혜로 이미 받은 구원이
건강하고 바르게 세워지게 하소서.
온전한 믿음으로,
믿음의 언어대로 살아가는
산 증인이 되게 하소서.

## | 10 |

### 이 구원에 대하여는
### 너희에게 임할 은혜를 예언하던 선지자들이 연구하고 부지런히 살펴서

이런 저런 시련 앞에서도
끝까지 인내해야 할 이유를 잃지 않고,
세월이 지날수록
선택하고 살아가는 모습이
그렇게 달라지고 있는
안과 밖의 변화로 인해

앞서 간 부활의 증인들의 삶이
참으로 옳았음이 증명되는 것입니다.
이처럼
지극히 정상적인 그리스도인의 삶을
믿는 그대로 아는 그대로 살아갔던
부활의 증인들이 앞서 있기에

오늘 나의 삶 또한
결코 헛되지 않음이 믿어집니다.
시대와 장소를 달리해도 변하지 않는
약속의 말씀에 집중할수록
무엇이 본질이고 비본질인지가,
무엇이 실상이고 허상인지가
깨달아 지고 믿어지는 것이
이는 나의 한계를 뛰어넘는
살아계신 하나님의 역사와 은혜임을
인정하지 않을 수 없는 것입니다.
더불어
더 이상 머뭇거려서도
뒷걸음쳐서도 안 될 남은 생이
하나님의 공급하심과
인도하심으로 인해
더욱 풍성해질 것이라는 믿음도
지극히 정상적인 것입니다.
하여,

오늘 나의 자랑은
내 것이 아님을 알고,
오늘 나의 성공 또한
하나님의 역사 그 자체임을
철저히 인정함으로
마땅히 감사하게 되는 것입니다.
참으로 신실했던 부활의 증인들이
보여준 믿음의 자취를 확인하며
그 대열에 올라서기를
자원하게 하소서.
부활예수를 남은 생의 주인으로 믿는
믿음을 가진 자가
얼마나 복된 자인지를,
그와 같은 믿음의 삶이
얼마나 복된 삶인지를
경험하고 누리며 증거하게 하소서.
이 시대에도 여전히!

| 11 |

자기 속에 계신 그리스도의 영이 그 받으실 고난과 후에 받으실 영광을
미리 증언하여 누구를 또는 어떠한 때를 지시하시는지 상고하니라

세우기는 지극히 어려워도
허물기는 너무나 쉬운 법입니다.
매사에
힘쓰고 애쓰지 않고서는
달고 풍성한 열매를 맛볼 수 없듯이
믿음에 합당한 태도나 삶이 없이는
이미 받은 은혜나
이후로 받을 은혜도
이내 허물어지고 만다는 교훈을
소홀히 여겨서는 안 될 것입니다.
오늘의 형편이
그렇게 긴박하고 곤고할지라도
영원한 약속을 향한
시선과 감각을 잃지 않도록
자신과 환경을 일깨우기를
언제 어디에서라도
멈추지 말아야 합니다.
지난 삶의 화려함에 묶여있거나
혹은 암울함에 갇혀있는
어리석은 신자가 아니라

새사람의 강건함으로
걸음걸음을 더해가는
믿음의 선봉장이 되기를
기뻐하며 자원해야 합니다.
더 이상
악성과 악습이 어찌할 수 없는
변화되고 변화되는
정상적인 그리스도인이 되기를
다짐하며 선택해야 합니다.
하여,
아는 것과 행하는 것이,
믿는 것과 행하는 것이,
말하는 것과 행하는 것이
어긋남이 없는
그야말로 훌륭한 삶이
일상의 경험과 간증이 되게 하소서.
성경이 도전하고 있는
지극히 정상적인 믿음의 삶을
오늘도 내일도 살아가게 하소서.
우직하게!

## | 12 |

이 섬긴 바가 자기를 위한 것이 아니요 너희를 위한 것임이
계시로 알게 되었으니 이것은 하늘로부터 보내신 성령을 힘입어
복음을 전하는 자들로 이제 너희에게 알린 것이요
천사들도 살펴보기를 원하는 것이니라

구원은
내세만을 위한 것이 아님을
바로 알아야 합니다.
오늘의 일상 중에도
구원을 이루어야 함을
잊어서는 안 됩니다.
구원에 담긴
하나님의 마음이 어떠한지를
날마다 진지하게 생각하며
살아가야 합니다.
구원이 왜 필요했었는지,
나아가 구원이 오늘도 왜 필요한지를
깨닫지 못하고 기억하지 못하면
비록 수준 높은 삶이
보장되었다 할지라도
오히려 수준 이하의 삶을
살아갈 수밖에 없는 것입니다.

하나님의 은혜를
귀한 은혜로 증명해 내는 것은
오늘 나의 삶 그 자체입니다.
무엇을 중요하게 여기고 있는지,
어디를 향하고 있는지,
무엇을 선택하고
어떻게 살아가고 있는지를 보면서
그리스도인의 면면을
확인하게 되는 것입니다.
지금도
하나님의 은혜와 사랑은
부단히 나의 자리를 정돈하게 합니다.
조금이라도 집중하려면
기대이상의 풍성함으로 공급하시고
마땅히 머물러야 할 자리로
안내하십니다.
이와 같은 반복적인 경험과 누림으로

이미 받은 구원과
이루어가야 할 구원이
든든히 더욱 든든히
세워지는 것입니다.
하여,
최고가 아니라 할지라도
최선의 삶을 선택하게 하소서.

믿음의 삶을 위해
수고하고 땀 흘리기를
멈추지 않게 하소서.
안과 밖으로 강건한
믿음의 사람이 되게 하소서.
오늘도!

| 13 |

그러므로 너희 마음의 허리를 동이고 근신하여
예수 그리스도께서 나타나실 때에
너희에게 가져다 주실 은혜를 온전히 바랄지어다

동서고금을 무론하고
지적으로나 경제적으로
조금 넘쳐난다 싶으면
여지없이
받은 은혜를 잊어버리고
이내 교만해지고 마는 형편이
사람의 일반입니다.
그럼에도 불구하고

여전히
남은 인생 전체가
참으로 은혜로운 기회임을
기억해야 합니다.
영원히 살아날 수 있는 기회요,
하나님의 자원을
경험할 수 있는 기회요,
다시 오실 주인을

하여, 그말씀 그대로 1

맞이할 수 있는 기회입니다.
그리고 무엇보다도
하나님의 마음이 절절히 담긴
너무나 소중한 약속의 말씀으로
곤고한 영혼을 건강하게 성장시키고,
더욱 아름답고 멋있게
성숙시킬 수 있는 기회입니다.
하여,
어느새 높아진 자리로부터
또다시
겸손의 자리로 내려와야 합니다.
순종의 자리로 내려와야 합니다.
섬기는 자리로 내려와야 합니다.

이후로 또다시
내가 이룬
나의 자랑이 아니라,
하나님께서 이루신
하나님의 자랑이 되어야 합니다.
이와 같이 믿음직한
그리스도인이 되게 하소서.
진실로 나를 살리는
걸음걸음을 더해가게 하소서.
진실로 나를 위한
다시 오지 않을 기회를
든든히 붙잡게 하소서.
그때까지!

## | 14 |
### 너희가 순종하는 자식처럼
### 전에 알지 못할 때에 따르던 너희 사욕을 본받지 말고

나의 말은 곧 나의 믿음입니다.
살아계신 하나님은
믿음의 분량만큼

다시 말해서
말의 분량만큼
역사하신다는 교훈을

결코 간과해서는 안 됩니다.

말은 씨가 되어

남은 생에 깊이 뿌리를 내리고

자라며 열매를 드러내기 마련입니다.

결국 남은 생은

오늘의 일상에서 나오는

나의 말에 달려있다고 해도

결코 지나치지 않습니다.

하나님의 전적인 은혜로 받게 된

귀하고 놀라운 권세로

사람과 환경을 향해

적극적이고 창조적으로

선포하고 명령할 때

나와 이웃과

가정과 일터와

마침내 교회까지도

살려내고야 마는

위대한 능력이 일어날 것입니다.

한편,

이미 받은 권세를

사용하지도 누리지도 못하게 만드는

영적방해꾼이 늘 나의 주위를

맴돌고 있다는 사실도

기억하고 기억해야 합니다.

더 이상

혈과 육의 싸움이 아닌 것을

시작부터 잘 깨달아서

또다시

거짓되고 왜곡된 선택을 하지 않도록

훈련하고 훈련해야 합니다.

하여,

이후로도

나의 말에는

더욱 특별한 능력이 있음을 알고,

또한

나의 아버지께서는

나의 말에 귀 기울이시고

때를 따라 반드시 역사하심을 알아

남은 생을 획기적이고 풍성하게

살아가게 하소서.

참으로 아름답고 멋진

그리스도인의 삶을 살아가게 하소서.

생명과 희망과 긍정의 말 씀씀이로!

강건하고 충만한 믿음으로!

오늘도 내일도!

# 오직 너희를 부르신 거룩한 이처럼
# 너희도 모든 행실에 거룩한 자가 되라

부활예수를
나의 주인으로 믿고 살아가는
그리스도인은
존재론적으로 다른 사람입니다.
이 세상살이에서도
달라진 삶의 이모저모를
드러낼 수밖에 없는 사람입니다.
그리스도인으로 살아갈수록
눈앞의 이익이나 편리함도
때로는 거절해야 하고,
말로는 다 설명할 길 없는
영원한 실상들이
더욱 믿어지고 깨달아져서
'어렵다 힘들다'고 하는
그와 같은 길을 향해
억세게 나아가지 않으면
오히려 불편함을 느끼는
참으로 바보 같은 사람입니다.
그리스도인으로 나이를 더해갈수록

지난 생을 심히 왜곡시켰고
남은 생도 심히 상하게 만들
고질적인 악성과 악습에
더 이상 종노릇하는 편이 아니라
생명과 희망과 긍정의 기운을 품어내는
참으로 온전하고 거룩한
영적자원들로 호흡하고,
이미 변화된 새사람의 인격을
멋있고 아름답게 세워나가는 편을
오늘도 선택하고 또 선택하는
참으로 특별한 사람입니다.
하여,
구별된 사람은
반드시 강건하게 살아갈 것입니다.
구별된 삶에는
반드시
달고 풍성한 열매가 맺힐 것입니다.
이처럼
하나님이 보시기에도

참으로 기쁘고,
사람이 보기에도
참으로 상쾌한

그리스도인으로 살아가게 하소서.
처음부터 끝까지!

## | 16 |

### 기록되었으되 내가 거룩하니 너희도 거룩할지어다 하셨느니라

그리스도인에게 있어서
평생의 주제어는
'거룩함'입니다.
이는
거룩하신 하나님의
계획이자 명령입니다.
이는
거룩하기를 선택하는
그리스도인을 향한
하나님의 약속입니다.
거룩함은
세상이 결단코 담아낼 수 없는
하나님의 성품입니다.
거룩함은

옛사람의 악성과 악습으로부터
떨어져 나온 새사람의 인격입니다.
거룩함은
오늘의 일상 중에도
변화되고 있고,
성장하고 성숙하고 있다는
그리스도인의 증거입니다.
결론적으로
거룩함은
그리스도인이 된
나의 기쁨이요
나의 소망입니다.
반드시 또한 마땅히
경험하고 누려야 할

하여, 그렇듯 그대로 1

나의 특권입니다.

하여,

어찌 외면할 수 있겠습니까!

어찌 소홀히 여길 수 있겠습니까!

어찌 씨름하지 않을 수 있겠습니까!

살아계신 하나님께서

반드시 책임지실 것입니다.

거룩한 열망과 거룩한 행실로

반드시 승리하게 하실 것입니다.

이와 같이

소금이 되게 하시고,

빛이 되게 하소서.

구별된 백성으로!

## | 17 |

### 외모로 보시지 않고 각 사람의 행위대로 심판하시는 이를
### 너희가 아버지라 부른즉 너희가 나그네로 있을 때를 두려움으로 지내라

부활하신 예수님은

오늘 나의 주인이십니다.

지금까지

내 것이라고 믿었던 수많은 자원들이

애초부터 내 것이 아니었다는 사실을

절실히 깨닫게 될 때

비로소 사람과 환경을 대하는

나의 모습은 변화를 보이기 시작하고,

하나에서부터 열에 이르기까지

정직하고 성실하기를

선택하게 됩니다.

남은 생만큼은

더 이상 포기해서도 안 되고,

더 이상 물러설 이유가 없음을 알았기에

변함없이 영원한 실상을 향해

도전과 부담과 희생을 감수하며

걸음걸음을 더해가기를

선택하게 됩니다.

마침내
안과 밖이 일치를 이루는
살아나고 깨어난
믿음의 사람이 되는 것입니다.
오늘 나의 믿음은
곧 나의 말입니다.
그간 나의 믿음이
얼마나 성숙해졌는지는
오늘 나의 말이
생명과 약속의 말씀을
얼마나 잘 대변하고 있는지로
드러나기 마련입니다.
마찬가지로
오늘 나의 믿음은
곧 나의 삶입니다.

그간 나의 믿음이
얼마나 강건해졌는지는
오늘 나의 삶이
살아계신 하나님의 말씀대로
얼마나 잘 행하며 살아가고 있는지로
드러나기 마련입니다.
하여,
믿음으로,
말로,
삶으로 증거하게 하소서.
나의 주인의 진실하심을
적극적으로 드러내게 하소서.
알아가는 만큼!
성숙하는 만큼!
날마다!

너희가 알거니와 너희 조상이 물려 준 헛된 행실에서 대속함을 받은 것은
은이나 금 같이 없어질 것으로 된 것이 아니요

본질을 놓쳐버린 삶은
결국 공허해지고
후회하기 마련입니다.
그것도
귀한 만남과 귀한 자원들을
다 소진해 버린 후에
그저 깨닫게 되는 것이
뒤늦은 사람의 형편입니다.
더 이상 무엇을 채워 넣고,
더 이상 무엇을 쌓기보다는
오히려
나를 무너지게 만들
이미 담겨진 몹쓸 것들을,
다시 말해서
내면 깊이 자리한 악성과 악습을,
필요를 넘어선 물리적 자원들을,
남은 생에 대한 대책 없는 두려움을
비워내고 내려놓기를
자원하고 즐거워해야 합니다.

오히려
나의 남은 생을
반드시 풍성하게 안내하고,
이후로도 경험하게 될
숱한 만남과 자원들을
반드시 넉넉하게 변화시키는
영원한 실상을 향해
나의 존재 전부를 맡기기를
자원하고 즐거워해야 합니다.
믿음의 삶이란
이와 같은 삶입니다.
하여,
어디에서 무엇을 하든지
부활예수를 나의 주인으로 믿는
바른 신앙자로 살아가게 하소서.
영원한 실상을 알고 믿고
바라보는 자답게 살아가게 하소서.
오늘도 면면히!

## 오직 흠 없고 점 없는 어린 양 같은 그리스도의 보배로운 피로 된 것이니라

나의 무능함과 부패함을 갈아엎는
혁명적인 대안이 믿어졌습니다.
나의 악성과 악습도
무디게 만들고 심지어 소멸시키는
지속적인 해결책이 믿어졌습니다.
예수님의 찢기신 몸과 흘리신 피
그리고 죽음을 이기고 다시 살아나신
부활의 생명이야말로
나를 영원히 살려내고 깨워내는
유일무이한 은혜임이
깨달아지고 믿어졌습니다.
이미 변화된 나라면,
혹은 이후로 변화될 나라면
어찌 따르지 않을 수 있겠습니까!
어찌 버리지 않을 수 있겠습니까!
하여,
오늘 그리고 이후로
나의 말은

곧 나의 믿음이요,
나의 삶은
곧 나의 믿음이라는 사실을
또다시 기억하고 붙잡아야 합니다.
부활예수의 생명을 품은 믿음으로
사람들과 환경을 향해
선포하고 명령할 때
놀라운 변화를
경험하게 하신다는 사실을
또다시 기억하고 실천해야 합니다.
이로써
하나님의 자녀로 살아감이 실감되고,
살아계신 하나님과
약속의 말씀이 증거되는
살아 있는 증인이 되게 하소서.
하나님 아버지의 관심과 바램을
머무는 곳에서 이루어가는
깨어있는 증인이 되게 하소서.

| 20 |

## 그는 창세 전부터 미리 알린 바 되신 이나
## 이 말세에 너희를 위하여 나타내신 바 되었으니

좋은 열매를 맺는 나무가 되려면
열매를 맺을 수 없는 가지를
때를 따라 쳐 주어야 하듯,
새사람의 신앙인격을 세우기에
심각한 걸림돌이 되고 있는
사람들과 환경의 악순환의 고리를
결단함으로 즉시로 잘라내지 않으면
받은 구원의 감격이라도
이내 시들어버리기 십상입니다.
더구나
살아계신 하나님의 역사를
경험하고 누리는 일상은
특별한 신자들의 전유물이라 단정하고,
여전히 나의 뜻과 계획을 쫓아 살아가는
비참한 남은 생이 되기 십상입니다.
하여,
오늘도
스스로를 깨워야 합니다.
오늘도

나를 깨워주고 세워줄
만남과 환경 가운데로
자원함으로 들어가야 합니다.
오늘도
생명과 약속의 말씀이
나의 일상을 견인할 수 있도록
그간 왜곡되고 변질된
나의 무장을 해체해야 합니다.
오늘도
하나님의 자원으로 충만한
새사람의 옷을 입어야 합니다.
오늘도
영원한 실상을 바라보면서
믿음의 선포와 믿음의 명령으로
승리를 맛보고 증거해야 합니다.
이 시대의 불만과 불평과
불신의 조화 중에도
아름답고 풍성한 열매를
맛보고 나누는

믿음의 사람이 되게 하소서.
이 시대의 위기 중에도
생명과 희망과

긍정의 기회를 만들어내는
믿음의 사람이 되게 하소서.

| 21 |

너희는 그를 죽은 자 가운데서 살리시고 영광을 주신 하나님을
그리스도로 말미암아 믿는 자니
너희 믿음과 소망이 하나님께 있게 하셨느니라

부활예수를 주인으로 믿어
하나님의 자녀가 되는
길(道) 위에 올라서면
언제나 무병장수요
일사천리일 것이라고
애써 믿어보려 하지만,
실상은
더 양보해야 하고,
더 낮아져야 하고,
더 기다려야 하고,
그러다 결국
더 인내해야 한다는 사실을

숙명으로 받아들여야 합니다.
시대가 편리해질수록 더디고,
때로는 손해를 보게 되는
고지식한 믿음의 삶이
풍족하거나 혹은 빈약한 사람의
관심을 지속적으로 끌기에는
그다지 힘이 없어 보인다는 사실도
마땅히 받아들여야 합니다.
그럼에도 불구하고
하나님 편에 서기를 선택하고,
믿음의 길을 걸어가기를 선택함으로
때마다 일마다 경험하게 되는

살아계신 하나님의 역사에
감격하고 감사하게 되는 것입니다.
더 이상 돌아서거나
더 이상 물러설 이유가 없는
남은 생으로 인해
무한히 기대하고
간절히 소망하게 되는 것입니다.

하여,
믿음의 걸음걸음에 힘을 부어주소서.
믿음의 삶에 능력을 부어주소서.
믿음의 증거로
풍성한 생이 되게 하소서.
아낌없이!
후회 없이!

## | 22 |

너희가 진리를 순종함으로
너희 영혼을 깨끗하게 하여 거짓이 없이 형제를 사랑하기에 이르렀으니
마음으로 뜨겁게 서로 사랑하라

---

사람과 환경을 맞이하는
동기와 이유가
나 중심에서
하나님 중심으로 변화된 삶이
얼마나 귀하고 풍성한지를
반드시 실감해야 합니다.
어떤 사건과 상황에서도
누구를 대하든지

하나님의 관심을 따라
선택하고 행하는 삶이
얼마나 멋있고 넉넉한지도
반드시 실감해야 합니다.
하여,
언제나 먼저는
하나님 편에 서기를
선택해야 합니다.

언제나 먼저는
말씀의 교훈과 명령대로
순종해야 합니다.
그리고
하나님의 풍성한 영적자원을
맛보고 누린 만큼,
때로는 그 이상으로
함께 한 사람들과 환경을 향해
쏟아 부어야 합니다.
마침내
하나님의 편에 서 있음이 옳았고,
그 교훈과 명령에 순종함이 옳았음을

몸소 증명해야 합니다.
이와 같은 믿음의 삶이
오늘의 일상이 되게 하소서.
사람들과 환경 앞에
당당하게
겸손하게
지혜롭게
살아가게 하소서.
하나님의 사람됨이
실감되고 보여지는
믿음의 사람이 되게 하소서.
날마다!

| 23 |

너희가 거듭난 것은 썩어질 씨로 된 것이 아니요 썩지 아니할 씨로 된 것이니
살아 있고 항상 있는 하나님의 말씀으로 되었느니라

성경은
왜 예수님이신지에 대해,
왜 예수님이 필요한지에 대해,
왜 예수님을 믿어야 하는지에 대해,

왜 예수님을 따라가야 하는지에 대해
아주 자세하게 안내하는
생명줄이기 때문에
성경의 한 말씀 한 말씀과

관계를 맺지 못하는 구원은
잠시 화려하다가도 이내 잊혀지는
감상과 크게 다르지 않다는 사실을
일찌감치 깨달아야 합니다.
하여,
성경의 약속을 도외시한 구원은
다시 말해서
예수님이 빠져버린 구원은
결국 헛것이 되고 마는 것입니다.
이처럼
예수님의 죽으심과 부활하심이
나의 전과 후를
어떻게 변화시켰는지를
성경의 약속으로 설명할 수 없다면
언제라도 무너질 수밖에 없는
위장된 구원이라는 질문에
정직하게 대답해야 합니다.
하여,
남은 생의 주인되신 예수님을
날마다 바라보며 따라가게 하고,

사람들과 환경을 뛰어넘어
반드시 선한 열매를 맺게 하는 열쇠가
성경의 약속이라는
믿음으로 돌아와야 합니다.
이후로도
말씀하신대로 반드시 행하시고
약속하신대로 반드시 이루시는
살아계신 하나님을
생명과 약속의 말씀으로
날마다 생각하고 경험해야 합니다.
나를 위해 죽으셨고,
나를 위해 부활하신
그리고
또다시 나를 위해 다시 오실
나의 주인 예수님을
생명과 약속의 말씀으로
날마다 생각하고 경험해야 합니다.
이런 자로 변화되게 하소서.
이런 삶으로 변화되게 하소서.
처음부터 마지막까지!

| 24 |

그러므로 모든 육체는 풀과 같고 그 모든 영광은 풀의 꽃과 같으니
풀은 마르고 꽃은 떨어지되

늘 강조해온 바,
하나님 중심을 잃어버린 일상은
결국은 마이너스 인생으로 귀결됩니다.
이와 같은 교훈과 원리를
경험을 통해 뼈저리게
인정할 수도 있겠으나,
이런 쓰디쓴 경험을 몸소 겪지 않고도
지혜를 받고 분별력을 얻음으로
빗나간 삶의 방향을 다시 조정하고,
허물어진 삶의 내용을
다시 세울 수 있는 것입니다.
'하나님 중심'이라함은
말씀 중심이요
예수님 중심이요
예수님의 몸된 교회 중심을 뜻합니다.
부활하신 예수님이
나의 하나님이시요
남은 생의 주인이시라는

복음의 결론이 믿어져
하나님의 자녀가 되었다고 할지라도
생명과 약속의 말씀 앞에 머무는
지속적인 선택과 실천이 없고,
들려주시고 보여주시는 그말씀을
소홀히 여기거나 무시하고 있고,
예수님의 몸된 교회의 신비로움을
발견하지 못한 채 여전히 무지하다면
하나님의 은혜와 사랑과 구원을
정직하게 되짚어보아야 합니다.
또한
남은 생의 목적과 의미가 무엇인지를
그리고
지금 이루어가고 있는 구원이
어떤 의미인지를
진지하게 대답해보아야 합니다.
세상과 죄와 불신과 불순종이
반드시 마귀 편이 되어 함께 하듯

하여, 그말씀 그대로 1

예수님과 의와 믿음과 순종은
반드시 하나님 편이 되어
함께 하는 법입니다.
하여,
또다시
혹은 이제부터는
하나님 중심으로 돌아가야 합니다.
예수님을 따르기로 결단해야 합니다.
말씀으로 내면과 삶을 채우고
다져나가기를 결심해야 합니다.
이로써
말씀에 뿌리를 내린 믿음의 말로

선포하고 명령하기를 자원해야 합니다.
이로써
나와 이웃을 변화시키고
나와 환경을 변화시키는
하나님의 자녀된 권세를
누리고 증거해야 합니다.
마침내
생명과 희망과 긍정의 일들이
드러나게 하소서.
살아계신 하나님의 역사가
드러나게 하소서.
오늘 나의 일상으로부터!

| 25 |

## 오직 주의 말씀은 세세토록 있도다 하였으니
## 너희에게 전한 복음이 곧 이 말씀이니라

채워지고 다져진 생명의 말씀은
때가 되면 반드시 살아서 역사합니다.
따라서
생의 후반전 혹은 막바지를

더욱 풍성하게 조성하고,
이전 경험할 수 없었던
새로운 삶의 지평을 걸어가기를
간절히 소망하는 자라면

말씀과 함께하는 시간을
소중하게
더욱 소중하게 여겨야 합니다.
시간이 늘 나의 형편을
헤아리고 기다려줄 것 같아도
지난 헛된 시간 이상으로
더욱 빨리 지나쳐 가고,
심지어는 남은 기회조차도
사라지고 마는 삶이 되지 않도록
날마다 날마다
말씀 속의 교훈과 명령으로
나를 일깨우고 훈련하기를
진지하게
더욱 진지하게 여겨야 합니다.
오늘 나의 모든 형편을
살아계신 하나님의 절대주권에 맡기고
무엇이 생명이고 무엇이 사망인지
혹은 어디가 하나님 편이고
어디가 마귀 편인지

그 결론이
명명백백하게 드러날 때까지
약속의 말씀을 붙잡고 인내하기를
신실하게
더욱 신실하게 여겨야 합니다.
어느새 말씀의 사람이 되고,
어느새 믿음의 사람이 되며,
어느새 순종의 사람이 되는
새로운 역사를
써 내려가게 될 것입니다.
하여,
참으로
지혜로운 그리스도인이 되게 하소서.
참으로
아름다운 그리스도인이 되게 하소서.
참으로
담대한 그리스도인이 되게 하소서.
이토록 부패한 사람들과 환경 중에도!
끝까지!

# 제2부

# 순전하고 신령한
# 젖을 사모하라

## Long for
## the pure spiritual milk

(베드로전서 2장)

## 그러므로 모든 악독과 모든 기만과 외식과 시기와
## 모든 비방하는 말을 버리고

내면의 불량함이
적나라하게 드러나는 순간을
애써 묻으려 하면
그만큼 살아나고 세워질 기회를
잃어버리고 만다는 사실을
절대로 간과해서는 아니 됩니다.
오히려
둘도 없는 절호의 기회로 알고
나의 부패함과 무능함에도 불구하고
새사람 되게 하시는
살아계신 하나님의 섭리와 초청에
'처음부터 끝까지 따라가리라' 하고
결단해야 합니다.
그 불량함을
그 부패함을
그 무능함을
나의 입술로
정직하게 토해냄으로써
창조주 하나님 앞에 설 수 있는

담력을 얻게 되고,
이후로도 멈추지 않을
지독한 거짓고소를 향해
'정면으로 맞서리라' 하고
결심해야 합니다.
그러나
하나님 중심을,
다시 말해서
하나님 편을 이탈하면
묻어두었던 악성과 악습이
여지없이 활개를 치고,
남은 생을 더욱 더욱
황폐하게 그리고 쓸쓸하게
만들고야 마는 것이 일반입니다.
하여,
오늘도
살아계신 하나님을
진심으로 경외하고 있는지를
정직하게 살펴보아야 합니다.

오늘도

보게 하시고 듣게 하시는

그 교훈과 명령에

전심으로 순복하고 있는지를

정직하게 살펴보아야 합니다.

오늘도

미처 고백하지 못한

내면의 불량함이 있는지 없는지를

정직하게 살펴보아야 합니다.

이로써 살아나게 하소서.

이로써 깨어나게 하소서.

이로써 새로워지게 하소서.

거듭난 새사람답게!

| 02 |

## 갓난 아기들 같이 순전하고 신령한 젖을 사모하라
## 이는 그로 말미암아 너희로 구원에 이르도록 자라게 하려 함이라

명명백백한 약속의 말씀 앞에서

나를 꺾는 순복함이 없는 사람은

분명히 '스스로가 하나님이 된 자'입니다.

다시 말해서

창조주 하나님을 뛰어넘으려는

자기중심성에 갇혀버린

참으로 어리석은 자입니다.

이처럼

스스로 하나님이 된 죄가

얼마나 근원적이고 지독한지를

절실히 인식하지 않으면

예수님의 죽으심의 의미나

예수님의 부활하심의 의미를

깨닫게 될 가능성은 전무합니다.

하나님의 말씀이라고 해도

그저 들어서 나쁠 것이 없는

덕담정도로 받아들일 뿐,

왜 그토록

남은 생과 인격을 걸고
그말씀을 신뢰하고 살아내기를
지속적으로 결단해야 하는지를
도무지 이해하지 못하는
영적무지 혹은 영적무감각의 상태를
반복하고 반복할 뿐입니다.
분명한 것은
부활예수를 참 주인으로 믿게 된
그리스도인의 삶의 기초에는
생명과 약속의 말씀이
지속적으로
채워지고 다져지는 법입니다.
그말씀의 비밀함을 발견해감이
얼마나 기쁘고 감사한지를
지속적으로 감격해 합니다.
더불어
살아계신 하나님의 역사를

일상의 이모저모를 통해 경험해감이
얼마나 놀랍고 감사한지를
지속적으로 증언하게 됩니다.
이와 같은 존재의 변화와
이와 같은 삶의 변화가
오늘 나의 변화로 이어지기를
간절히 소망해야 합니다.
또한
이와 같은 변화로
나를 살리고 이웃을 살리기를
적극적으로 경험해야 합니다.
하여,
말씀으로 살아나게 하시고,
말씀으로 깨어나게 하소서.
생명과 약속의 말씀 앞에
진심으로 순복하게 하소서.
오늘도 내일도!

| 03 |

## 너희가 주의 인자하심을 맛보았으면 그리하라

굳이
기록된 말씀이 아니라도
살아계신 하나님을
삶으로 경험할 수 있는 것입니다.
곰곰이 생각해보면
내가 얼마나 제한적인 삶을
살아갈 수밖에 없는
연약한 존재인지를,
심지어는
호흡하고 있음에 부속된
그 많은 자원들이 가득하다고 해도
어느 날
나의 생명을 연장하는데
아무런 힘을 발휘할 수 없다는 사실을
더 늦기 전에 깨달으면
그 만큼 살아계신 하나님을
삶으로 경험하고 누리게 되는 것입니다.
그럼에도 불구하고
남은 생을 살아가는 동안
가장 확실하고도 안전한 길이
이미 열려있음을
절실히 깨달아야 합니다.
말씀을 통해서
하나님을 경험하고,

말씀을 통해서
예수님을 경험하며,
말씀을 통해서
성령님을 경험할 수 있는 길이
이미 활짝 열려있습니다.
기록된 성경은
영원히 변하지 않는
약속의 말씀입니다.
약속의 말씀 앞에
정직하게 반응하는 그리스도인은
반드시
살아계신 하나님을 경험하게 되고,
나아가
미처 발견하지 못했던
하나님의 그 마음을
더욱 정확하고 세심하게
깨달아 갑니다.
또한
나를 이해하고
나를 대접하는 모습이나
이웃을 이해하고
이웃을 대접하는 모습에도
변화를 보입니다.
어느새

변할 것 같지 않았던 나의 삶이
누가보아도 달라진 삶으로
위로와 용기와 소망을 안겨다 줍니다.
하여,
이와 같은 신앙생활의 진미를

일찌감치 맛보고 누리게 하소서.
참 좋으신 하나님의 자녀로
참으로 넉넉한 삶을 살아가게 하소서.
여기서부터!

| 04 |

## 사람에게는 버린 바가 되었으나
## 하나님께는 택하심을 입은 보배로운 산 돌이신 예수께 나아가

영원한 약속과 영원한 생명을
일깨우고 불어넣어주는 성경을
삶의 우선순위에 두지 않으면
이미 받은 구원이 자라나고
꽃을 피우고 열매를 맺을 가능성은
불확실하다 하겠습니다.
성경이
살아계신 하나님의 말씀이라고
아무리 전해 듣고
알아가고 믿는다고는 하지만
그말씀을

나의 마음 밭에
지속적으로 채우고 다져야 할 몫이
남이 아닌 나에게
남겨져 있다는 사실을
깨달아야 합니다.
나아가
채워지고 다져진 말씀을
일상 중에도
적극적으로 사용해야 할 몫도
나의 책임이라는 사실도
늘 기억해야 합니다.

하여,
당장은 손해를 보는 것 같아도,
심지어 손해를 보아도
그말씀이
나의 존재와 나의 삶에 굴레가 되어
말씀하시는 대로,
말씀 속에 운행하시고 역사하시는
성령님의 지도하심과 인도하심대로
마땅히 순종하며 살아가기까지
수고하고 집중해야 한다는 자각이
마음 깊은 곳으로부터
일어나야 합니다.
더불어
이런 혁명적인 자각과
이에 부응하는 반응이
오늘 나의 삶 가운데
경험되고 누려지기를
간절히 소망하고 기대해야 합니다.
세상이
환경이
사람들이

아무리 어떻다고 해도
살아계신 하나님께서는
하나님 편에 서 있는
나를 통해
반드시 역사하실 것입니다.
채우고 다져서
깊이 뿌리내린 말씀 그대로
살아가기를 결단하는
나를 통해
반드시 기적을 이루어 가실 것입니다.
나의 남은 생은
더욱 아름답고 멋있게
변해갈 것입니다.
더욱 풍성한 열매로
그말씀의 약속들을 증거할 것입니다.
마침내
살아계신 하나님
부활하신 예수님이
나의 왕이요 나의 주인임이
증명될 것입니다.
이런 일상을 살아가게 하소서.

너희도 산 돌 같이 신령한 집으로 세워지고
예수 그리스도로 말미암아 하나님이 기쁘게 받으실
신령한 제사를 드릴 거룩한 제사장이 될지니라

하나님의 은혜와 사랑으로 구원받은
한 사람의 남은 생은
반드시 자라나고 성숙해져야 합니다.
새사람으로 다시 태어난 신앙인격은
해를 거듭할수록 단단해지고 넉넉하게
변화되어야 마땅하다 하겠습니다.
그럼에도 현실은
이를 달갑게 여기지 않고,
현실에 안주해버린 신자의 형편은
중심과 기준으로부터
점점 더 멀어지기가 일반입니다.
이런 형편을 박차고 일어날
근원적인 동력은 무엇입니까!
무엇으로 남은 생을
후회 없이 갈아엎을 수 있겠습니까!
하나님 앞에 서게 될 나의 실상은
감출 것 없이 적나라하게 드러날
나의 영혼, 그 자체임을

더 늦지 않게 깨달아야 합니다.
영혼의 높이와 넓이와 깊이는
영원한 생명과 약속의 말씀이
나의 존재와 나의 삶을
얼마나 견인하고 있는가에 정비례함을
날마다 기억해야 합니다.
누가 무엇이라고 해도
새사람의 신앙인격을
반듯하게 그리고 멋있게
세울 수 있는 그말씀들을
지속적으로 붙잡고 의지해야 합니다.
이와 같은 일상이
하나님의 일을 왜곡됨 없이 이루어가고,
이와 같은 수고가
하나님의 나라를 건강하게 만들어가는
가장 믿을 만한 태도이자 실천임을
언제든지 증언해야 합니다.
하여,

말씀을 소홀히 여기는 그 어떤 대안도
지나갈 한 때의 유행임을
절감하게 하소서.
심지어 말씀을 밀쳐내는 그 어떤 명분도
결국 어긋나게 만들
시험거리임도 절감하게 하소서.

언제 어디서나
말씀의 사람으로 호흡하게 하소서.
남은 생의 목적과 의미를 누리고 나누는
깨어있는 신실한
그리스도인이 되게 하소서.
살아계신 하나님의 은혜와 사랑으로!

## | 06 |
### 성경에 기록되었으되
### 보라 내가 택한 보배로운 모퉁잇돌을 시온에 두노니
### 그를 믿는 자는 부끄러움을 당하지 아니하리라 하였으니

하나님의 마음이
지금도 절절히 스며드는데
내면과 삶의 형편이
어찌 정화되지 않을 수가 있겠습니까!
생명과 약속의 말씀 앞에 머물수록
감동과 일깨우심이
더욱 더욱 확실한데
새사람의 지각과 분별력이
어찌 세워지지 않을 수가 있겠습니까!

살아계신 하나님의 섭리와 역사를
경험할 수 있다는 사실이
이렇게 놀랍고도 감사한데
나아가야 할 걸음걸음 앞에
어찌 머뭇거릴 수가 있겠습니까!
이제까지
나를 살리고 이웃을 살리는
방향과 이유가 더 이상 아닌 것이
명명백백하게 드러난다면,

오늘 또다시 펼쳐진
생명과 약속의 대로를
자원함과 담대함으로
어찌 나아가지 않을 수가 있겠습니까!
부활하신 예수님은
언제 어디서나
나의 왕이시요
나의 주인이십니다.
살아계신 하나님은
언제 어디서나
하나님 편에 서 있는
나의 보호자이시요,
나의 공급자이십니다.

하여,
이와 같은 하나님의 절절한 마음을
경험하고 누리는
그리스도인이 되게 하소서.
참으로 부족한 나를 통해서도
놀라운 은혜와 사랑이 나누어지는
삶을 살아가게 하소서.
신앙의 연수가 더해질수록
더욱 더욱
말씀의 사람,
순종의 사람,
믿음의 사람이 되게 하소서.
어느새!


| 07 |

### 그러므로 믿는 너희에게는 보배이나
### 믿지 아니하는 자에게는 건축자들이 버린 그 돌이 모퉁이의 머릿돌이 되고

교만은
멸망의 앞잡이라 했습니다.
교만은

영적질서를 무시함이라 했습니다.
교만은
약속의 말씀에

순종하지 않음이라 했습니다.
교만은
나의 주인 예수님을
따르지 않음이라 했습니다.
교만은
결국 살아계신 하나님의 편에
서지 않음이라 했습니다.
이로써
한 사람의 생은
기울고 무너지며
후회하게 되는 것입니다.
이로써
함께 한 사람들의 삶도
영적무지와 무감각의 늪으로
몰아가게 되는 것입니다.
하여,
어찌하든지
겸손하기를 결심하고,
결심하는 대로
말씀과 대면하는 자리로

나아가야 합니다.
부단히 일깨우시는 교훈과 명령을 따라
즉시로 기쁘고 온전하게
순종하기를 선택해야 합니다.
이로써
한 사람의 생은
세워지고 풍성해지며
감사하게 되는 것입니다.
이로써
함께 한 사람들의 삶도
영적으로 일깨우고
안내하게 되는 것입니다.
또다시
오늘의 일상으로부터 변화되게 하소서.
하나님의 일하심이 더욱 분명하게
깨달아지고 믿어지게 하소서.
말씀의 사람,
믿음의 사람,
겸손의 사람으로 살아가게 하소서.
변함없이!

| 08 |

또한 부딪치는 돌과 걸려 넘어지게 하는 바위가 되었다 하였느니라
그들이 말씀을 순종하지 아니하므로 넘어지나니
이는 그들을 이렇게 정하신 것이라

---

그래도
신앙의 연수가
이만큼 더해지고 보니
깨달아지고 보이는 것이
하나님을 참으로 사랑하는 사람은
이미 받은 은혜와 사랑을
언제 어디서나 잊어버리지 않고,
이후로도
더한 은혜와 사랑을
열렬히 사모하기 마련입니다.
하나님을 참으로 사랑하는 사람은
나이가 더해져도
하나님 알아가기를 중단하지 않고,
때마다 일마다
섭리하시고 인도하시는
하나님의 성품을 경험하고 누리기를
기뻐하기 마련입니다.
하나님을 참으로 사랑하는 사람은

마주한 중대사 앞에서
하나님 편에 서기를 미루지 않고,
불편함 중에도
혹은 손해를 보는 중에도
하나님이 기뻐하시는 길로
나아가기 마련입니다.
하나님을 참으로 사랑하는 사람은
행여 넘어질지라도
다시 일어서기를 두려워하지 않고,
일어선 후에는
더욱 힘을 다해
충성하기 마련입니다.
하나님을 참으로 사랑하는 사람은
오늘도
하나님의 마음으로
살아가기를 즐거워하고,
끝까지
하나님의 일하심에 사용되기를

간절히 소원하기 마련입니다.
하나님을 참으로 사랑하는 사람은
세월이 지날수록
생명과 약속의 말씀을
삶으로 채우고 다지는
그렇게 구별된 사람으로
살아가기 마련입니다.
하나님을 참으로 사랑하는 사람은
부활하신 예수님이
남은 생의 가장 중요한 가치가 되고,
앞서 걸어간
믿음의 자취를 따라 살아가기를
자원함으로 선택하기 마련입니다.
이렇게 되짚어 보니
남은 생은 참으로
기대와 환희와 소망으로 가득합니다.

아직도 너무나 모자라지만
계속적으로 세워질
내 영혼의 실력과 기능이
얼마나 아름답고 풍성할지를
꿈꾸게 됩니다.
하여,
나보다도 나를
더 사랑하시고 기뻐하시는
살아계신 하나님의
섭리와 인도하심을
기쁘게 따라가게 하소서.
더 이상
지난 과거에 묶인 삶이 아니라
무한히 펼쳐진 오늘과 내일을
마음껏 맛보고 누리게 하소서.
나의 왕 나의 주인과 함께!

그러나 너희는 택하신 족속이요 왕 같은 제사장들이요 거룩한 나라요

그의 소유가 된 백성이니 이는 너희를 어두운 데서 불러내어

그의 기이한 빛에 들어가게 하신 이의 아름다운 덕을 선포하게 하려 하심이라

이즈음에도

참으로 신실하신 농부되신

나의 왕 나의 주인은

진리에 뿌리를 내린

나의 말에

반드시 좋은 열매를 맺게 하십니다.

시대와 장소를 불문하고 변하지 않고

언제나 참이 되는 하나님의 말씀으로

안과 밖을 수정하고 일으켜 세우는

나의 삶에

반드시 좋은 열매를 맺게 하십니다.

나의 무능함과 부패함을

근원적으로 해결하시고 살아나신

부활예수의 교훈과 명령에 합한

나의 신앙인격에

반드시 좋은 열매를 맺게 하십니다.

하여,

내가 처한 환경이 어떠하든지

이유가 되지 않음을 일찌감치 깨달아,

오히려

곤고하고 낮아진 형편이

놀랍게 살아나고 깨어날

다시 찾아온 기회임을 절실히 깨달아,

생명과 약속의 말씀으로

생각하고 말하며 살아가기를

다짐하고 또 다짐해야 합니다.

비록 더딘 것 같지만

때가 되어 드러날 하나님의 역사를

기대하고 소망해야 합니다.

한 여름의 폭염과 무풍에도

말씀으로 깊이 호흡하고 찬양하는

승리자가 되게 하소서.

하나님이 보시기에

더불어

사람의 보기에도

참으로 좋은 열매를 맺게 하소서.

너희가 전에는 백성이 아니더니 이제는 하나님의 백성이요
전에는 긍휼을 얻지 못하였더니 이제는 긍휼을 얻은 자니라

전과 후 사이에 일어난
존재의 변화에 대해
약속의 말씀은
흔들림 없이 증언하고 있습니다.
비록 삶의 변화가 더딜지라도
변화된 정체감으로
흔들림 없이 살아가라고
세심하게 도전하고 있습니다.
하여,
부활예수를
나의 왕 나의 주인으로 믿는
하나님의 백성이 되었다는 사실은
일생에서 가장 크고 값진
복을 받게 된 자임을
때마다 일마다 기억해야 합니다.
그 무엇으로도 비교할 수 없는
위대한 사람이 되었다는 확신으로

오늘의 일상도
담대하게 그리고 겸손하게
살아가기를 자원해야 합니다.
언제나
살아계신 하나님은 나의 편이시고,
마침내 반드시
나를 풍성하게 세우는 분이심을
기억하고 기뻐해야 합니다.
이와 같은 삶으로
나의 삶이 더욱 고양되고
함께 한 사람들의 안과 밖도
아름답게 살아나게 하소서.
이와 같은 삶으로
약속의 말씀이 증명되게 하소서.
이와 같은 삶으로
하나님의 일하심이 드러나게 하소서.
더욱 힘 있게!

## 사랑하는 자들아 거류민과 나그네 같은 너희를 권하노니
## 영혼을 거슬러 싸우는 육체의 정욕을 제어하라

사람들의 일상이라는 것이
이미 소유한 자원을
넉넉히 누리지도 못하고,
심지어는 미처 사용하지도 못한 채
좋은 시절 좋은 때를
무작정 흘려보내기가 일쑤입니다.
누구에게나 예외 없이
이곳에서의 여행을
마무리 지을 때는 오는 것이고,
그간
얼마나 많은 것을
배우고 가졌는가가 아니라
얼마나 아름답고 풍성한 경험들을
만들고 나누었느냐에 따라
창조주 하나님 앞에 서게 될 모습이
제각기 다르다는 사실을
부단히 일깨워주십니다.
지금 여기에
살아 있음으로 부속된

수많은 자원들이
하나님의 목적과 계획대로
사용되고 있는지를
정직하게 돌아보고
때를 따라 수정하지 않으면
반드시 남을 것만 남게 될 그날에
참으로 부끄러운 모습으로
서게 될 것이라는 사실도
부단히 일깨워주십니다.
하여,
남은 생의 안과 밖은
하나님의 자원으로 풍성하기를
진실로 기뻐해야하겠습니다.
날마다 부어주시는
하나님의 은혜와 사랑이
여전히 부족하고 연약한
나를 통해
흘러가고 나누어지기를
진실로 기뻐해야하겠습니다.

이로써

나의 무능함을 뛰어넘고,

이로써

나의 부패함을 정화시키는

참으로 아름답고 풍성한 남은 생을

살아가야하겠습니다.

이런 자가 되게 하소서.

이런 삶이 되게 하소서.

참으로 신실하게!

## | 12 |

너희가 이방인 중에서 행실을 선하게 가져
너희를 악행한다고 비방하는 자들로 하여금 너희 선한 일을 보고
오시는 날에 하나님께 영광을 돌리게 하려 함이라

어렵고 힘들다고

가야 할 길을 벗어나겠습니까!

불편하고 부담스럽다고

해야 할 일을 내려놓겠습니까!

하나님의 일이

남의 생의 일이 되고,

하나님의 관심이

오늘의 관심이 되며,

하나님의 마음이

나의 마음이 되는

살아나고 깨어있는

그리스도인으로 살아가기에는

오늘의 환경과

사람들의 시선과 대접이

그리 넉넉하지도 가볍지도 않은 것이

사실입니다.

그러나

이제는 내가 누구인지를 알고,

받은바 하나님의 은혜와 사랑이

얼마나 귀하고 아름다운지를

아는 이상,
부활하신 예수님이
친히 낮아지신 하나님이셨다는 사실이
믿어진 이상,
나의 일, 나의 관심, 나의 마음이
하나님의 자원으로
채워지고 충만해지기를
간절히 사모하게 됩니다.
어느 날 갑자기 무너질
이곳에서의 부귀영화가 아니라
마침내 드러날
영원한 실상을

경험하고 누리는 일상이 되기를
간절히 사모하게 됩니다.
하여,
믿는 바대로,
아는 바대로,
말하는 바대로
행하며 살아가기를 자원하게 하소서.
살아계신 하나님의
일하심이 드러나는
믿음의 삶을 살아가게 하소서.
이처럼 부족하고 연약한
나로부터!

## | 13 |
### 인간의 모든 제도를 주를 위하여 순종하되 혹은 위에 있는 왕이나

세상이 감당할 수 없는 삶이란
여전히 영원한 실상에 집중하고
어떤 형편에서도
시들지 않는 말씀과
때를 따라 일깨워진 감동대로

선택하고 실천하는
일상의 누적입니다.
부활예수를
나의 주인으로 믿는 사람이
경험하고 누리는 대자유는

불미하고 불량한 세상살이를
넉넉히 이겨내게 합니다.
하나님의 영이 역사하는 곳에는
그토록 고단한 환경과 일상 중에도
평안과 감사와 소망이
마르지 않는 법입니다.
이후로도
반드시 사라질
허상에 묶이고 마는 형편이 아니라
시간이 지날수록
더욱 의미를 더하고 빛이 드러날
영원한 실상에
남은 생을 걸고
믿음의 삶으로 나아가기를

자원하여 즐거워합니다.
하여,
유복함 중에도
불편해지기를 두려워하지 않고,
높아진 중에도
낮아지기를 염려하지 않으며,
채워진 중에도
덜어내기를 주저하지 않게 하소서.
그리스도인의 진면이
숨김없이 드러나게 하소서.
하나님의 영으로
하나님의 마음으로
하나님의 자원으로 충만하게 하소서.
날마다!

| 14 |

## 혹은 그가 악행하는 자를 징벌하고
## 선행하는 자를 포상하기 위하여 보낸 총독에게 하라

변함없는 약속의 말씀에 뿌리내린
나의 말 씀씀이는

때가 되면 반드시
사람들과 환경을 살려냅니다.

때를 따라
세밀하게 혹은 강력하게 역사하시는
살아계신 하나님의 자원에 뿌리내린
나의 일상은
때가 되면 반드시
나와 이웃을 살려냅니다.
하여,
영적으로 성숙하고 있는 나는
오늘도
믿음으로,
감사함으로,
정직함으로
말하기를 자원하고,
말하는 대로 살아가려합니다.
참으로 곤고해 보이고,
참으로 부패해져 있는
이 세상살이 중에도
부활하신 예수님을
나의 주인으로 믿고 살아가는
그리스도인의 삶이 어떠한지를
오늘도
숨길 것 없이 드러내고,

당당하게 그리고 겸손하게
살아가기를 즐겨하려합니다.
언제든지
창조주 하나님의 마음을
시원하게 그리고 기쁘게 해드리고자
보여주시고 이끄시는 대로
오늘도
기꺼이 따라가기를 선택하려합니다.
오늘도
진리에 뿌리내린
나의 안과 밖에
말로 다 표현할 수 없는
하나님의 은혜와 사랑이
가득하고 흘러넘치는 것을
경험하고 누리게 하소서.
오늘도
함께 한 사람들과 환경이
부단히 살아나고 깨어나는 것을
경험하고 누리게 하소서.
하나님의 손에 붙들린
연약하고 부족한 나를 통해!

## 곧 선행으로 어리석은 사람들의 무식한 말을 막으시는 것이라

이 땅에서도
최고로 복된 삶을
누리며 살아가야 할
그리스도인들의 안과 밖이
그리 넉넉하지 않음이 현실입니다.
환경과 사람들에 의해
끊임없이 눌리고 쫓기며,
이미 받아 소유한 것으로도
충분히 누리지 못하고 나누지 못하며
살아가기가 일반입니다.
이런 세상살이 중에도
창조주 하나님이 보시기에
참으로 기분이 좋은 삶을
또다시 선택하고
붙잡아야 하겠습니다.
어떤 형편에서나
어떤 사람을 마주하든
부활예수가
남은 생의 주인이며,
살아계신 하나님이

참 좋으신 나의 아버지라는
믿음의 고백이
오늘도 변화되어가는
신앙인격을 통해
적극적으로 증거되기를
기뻐해야 하겠습니다.
하여,
내가 먼저
살아나고 깨어나게 하소서.
더불어
함께 한 환경과 사람들이
살아나고 깨어나게 하소서.
참 좋으신 하나님을 믿는
참 좋은 그리스도인으로
살아가게 하소서.
때를 따라
풍성한 열매를 만들어 내는
참 좋은 나무가 되게 하소서.
오늘도!

# | 16 |

## 너희는 자유가 있으나 그 자유로 악을 가리는 데 쓰지 말고
## 오직 하나님의 종과 같이 하라

실상은
묶여있는 종인데
자유롭다 착각합니다.
무엇으로도 결코 자유로울 수 없는
철저히 무능하고 부패한 존재입니다.
이 사실 앞에
나를 비추지 않으면
보장된 자유라도
의미를 잃어버리고,
남은 생은 그래저래
종점을 향해 나아갈 뿐입니다.
이후로도
어쩔 수 없이 포기하고 마는
어리석은 삶이 아니라
기꺼이 내려놓고 받아 누리는
지혜로운 삶을
살아가야 마땅합니다.
하여,
무엇으로도 비교할 수 없는

하나님의 자원으로 충만한
넉넉한 자유자임을
때마다 일마다
기억하고 자랑해야 합니다.
오늘도
창조주 하나님 안으로 들어가기를,
부활예수의 주인되심 아래 거하기를,
생명과 약속의 말씀에 순종하기를,
자원함의 종으로 살아가기를
기뻐해야 합니다.
이로써
하나님의 마음이
풍성히 흘러가게 하소서.
하나님의 일하심이
생생히 드러나게 하소서.
참 좋으신 하나님이
진하게 증거되게 하소서.
변화된 존재로
무엇이 실상인지를

증명해내는
참 그리스도인이 되게 하소서.
이미 받은 대자유를

경험하고 누리는
부활예수의 종이 되게 하소서.
그날까지!

## | 17 |

### 뭇 사람을 공경하며 형제를 사랑하며 하나님을 두려워하며 왕을 존대하라

성령님이 만들어 내시는 열매는
일상의 불편함과 혹독함 중에도
여전히 아름답고 풍성한 것입니다.
성령충만함 중에
드러나고 보여지는
오늘의 실제는
돌이킴이요 기쁨이요
평안이요 소망입니다.
오늘도 성숙하고 있는
새사람의 신앙인격은
하나님의 거룩한 성품과
하나님의 절절한 마음을
삶으로 대변합니다.
하여,

사랑하지 않을 수 없고,
용서하지 않을 수 없고,
인내하지 않을 수 없고,
순종하지 않을 수 없는 것입니다.
결국
유한한 이 세상살이 중에도
영원한 실상에 더욱 집중하고,
기꺼이 무릅쓰기를 선택하며,
누리며 살아가기를 즐거워합니다.
마침내
나의 부패함과 무능함을 이겨내고
세상도 어찌할 수 없는
믿음의 사람으로 변화됩니다.
이만큼 겸손하게 하소서.

이만큼 넉넉하게 하소서.
이만큼 살아가게 하소서.

참 그리스도인으로!


| 18 |

## 사환들아 범사에 두려워함으로 주인들에게 순종하되
## 선하고 관용하는 자들에게만 아니라 또한 까다로운 자들에게도 그리하라

성숙한 신앙은
반드시 안과 밖이
일치를 이루려 합니다.
믿는 바와 살아가는 바가
일치를 이루고,
말하는 바와 행하는 바가
일치를 이루려 합니다.
숱한 유혹과 시련 앞에서도
끝까지 인내하며,
하나님의 성품과
하나님의 마음을
부단히 받아 누리기를
즐거워합니다.
마침내

하나님을 향한 경외감은
나의 됨됨이를 변화시키고,
사람들을 향해서도
넉넉함과 풍성함이 흘러갑니다.
하여,
부활예수의 주인 되심을
믿고 살아가는 내가
어찌 일깨우시고 감동하시는
교훈과 명령을 따라
순종하지 않을 수 있겠습니까!
믿음의 선배들이 보여준
살아 있는 증거들이
지금도 생생하게 전해지는데
어찌 미숙함으로만

일관할 수 있겠습니까!

이 시절에도

참 그리스도인의 삶을

살아가게 하소서.

먼저는

살아계신 하나님 앞에서

정직하고 신실한 자가 되게 하소서.

나아가

함께한 사람들 앞에서도

겸손하고 후덕한 자가 되게 하소서.

성숙한 믿음으로!

| 19 |

## 부당하게 고난을 받아도 하나님을 생각함으로 슬픔을 참으면
## 이는 아름다우나

참 지혜는

하나님의 말씀을 깨닫는 것입니다.

참 지혜는 반드시

총명한 사람이 되게 합니다.

참 지혜의 사람이 될수록,

다시 말해서

총명한 사람이 될수록

어둡고 부패한

이 세상살이 중에도

환경과 사람과 사물을

바르게 봅니다.

심지어

왜곡된 자신의 내면도

정직하게 바라보고,

말씀대로

그리고 성령님의 지도하심대로

수정하기를 마다하지 않습니다.

반면,

거짓되고 위장된 지혜는

결국

오직, 그말씀 그대로 1

하나님의 말씀을 거절하게 합니다.
그만큼 어리석은 사람이 되게 합니다.
어리석은 사람의 내면은
시기와 다툼이 끊이질 않습니다.
환경과 사람과 사물은
왜곡되기 십상입니다.
귀하고 아름다운 것도
이내 추한 것으로 변질되게 합니다.
하여,
남은 생의 진미는
얼마나
지혜로운 사람이 되느냐
하는 것입니다.
얼마나
지혜로운 삶의 열매를 남기느냐
하는 것입니다.
얼마나
하나님의 편에 서서
하나님의 뜻을 이루어 가느냐

하는 것입니다.
이를 위해
어떤 형편에서든지
생명과 약속의 말씀 안으로
들어가게 하소서.
실수하고 실패할지라도
이미 깨달아지고 믿어진 말씀을
붙잡고 살아가기를
오늘도 선택하게 하소서.
더 이상
불미한 환경과
어리석은 사람들로 인해
피동되는 삶이 아닌
말씀에 묶이고
성령님의 인도하심대로 순종하는
믿음의 삶을 누리게 하소서.
참으로 지혜로운
믿음의 사람이 되게 하소서.

죄가 있어 매를 맞고 참으면 무슨 칭찬이 있으리요
그러나 선을 행함으로 고난을 받고 참으면 이는 하나님 앞에 아름다우니라

시대의 아픔과 탈선은
어제오늘의 일이 아닌 것을
일찌감치 인정해야 합니다.
영적인 안목이 열리지 않으면
유한한 세상을 넘어 실재하는
영원한 실상의 가치를
이해할 수 없고
맛볼 수 없는 것입니다.
나아가
영적인 안목이
더욱 넓혀지지 않으면
이미 깨달아 믿어진 실상도
오늘의 일상으로 증명되기가
참으로 어려운 것입니다.
하여,
바른 믿음과 바른 믿음생활은
반드시 함께 가야합니다.
이것이야말로 나의 남은 생을
참으로 의미 있고 풍성하게

만들어 주는 정법임을
때마다 일마다 기억해야 합니다.
어떤 형편에서든지
부활예수를 따르는 자답게,
생명과 약속의 말씀을 믿는 자답게,
하나님의 마음을 알고 품은 자답게,
그렇게 정직하고 우직하게
나아가기를 멈추지 말아야 합니다.
비록 겉모습은 낡아지지만
다시 태어난 새사람의 인격은
더욱 더욱
청명하고 정결하고 강건해지기를
간절히 소망하고 기대해야 합니다.
이처럼,
마침내
영적인 안목이 열리게 하소서.
더불어
영적인 안목이 넓어지게 하소서.
하나님의 관심이

곧 남의 생의 관심이 되게 하소서.

하나님의 일이

곧 남의 생의 일이 되게 하소서.


| 21 |

이를 위하여 너희가 부르심을 받았으니
그리스도도 너희를 위하여 고난을 받으사
너희에게 본을 끼쳐 그 자취를 따라오게 하려 하셨느니라


희생 없는 순종이 어디 있겠습니까!

하물며

이타적인 삶의 고비고비에

무익한 오해들과 어려움들이

난무하는 것은 당연하다 하겠습니다.

무엇을 그리고 어디를

바라보고 있습니까!

방향을 놓쳐버린 삶의 결론은

반드시 공허하고

후회하기 마련입니다.

존재론적으로 차원을 달리하는

정상적인 신앙생활은

결코 쉽지 않다는 사실을

늘 기억해야 합니다.

나아가

남은 신앙생활만큼은

적당히 눈 가리듯 해서는 안 된다는

오늘의 영적교훈과 직언에 귀 기울이고

하나님의 편에서 살아가기를

담대히 선택해야 합니다.

하여,

내가 살아나고 깨어나지 않는 한

결국 환경과 사람들로 인해

피동될 수밖에 없다는 현실을

절실히 인정하게 하소서.

나의 재주로만 이루어 낸 아성에

주저 않는 삶이 아니라,
하나님께서 만들어 가시는
그 일을 향해
또다시 일어서게 하시고
또다시 나아가게 하소서.
더 이상
나를 의지하는 삶이 아니라
변함없이 참이 되는 말씀과

오늘도 섭리하시고
인도하시는 성령님께
자원함으로 순종하는
믿음의 삶을 살아가게 하소서.
예수님처럼!
믿음의 선배들처럼!
정상적인 신앙생활로!

| 22 |

## 그는 죄를 범하지 아니하시고 그 입에 거짓도 없으시며

부활예수를 믿어
그리스도인이 된 사람들을 향한
이 시대의 부당하고 부적절한 대접은
오히려 예수님의 삶과 교훈과 명령을
절감하게 하는 은혜의 통로입니다.
처음부터 끝까지
하나님의 생명으로 호흡하셨고
하나님의 마음으로 따라가셨던
예수님을

이제 이후로도
그렇게 따라갈 것인가를
되짚어보는 기회입니다.
문제의 핵심은
나의 선택에 달려있습니다.
거룩하신 하나님 앞에 서게 될
내 영혼의 기능과 능력에 달려있습니다.
해법은 언제나 단순합니다.
하나님의 편에 서는 것입니다.

어떤 형편 혹은 어떤 문제 앞에서도
옳고 그름을 가려내려는
선악의 열매를
더 이상 먹으려 하지 않는 것입니다.
예수님과 연합되게 하는
생명의 열매를 취하는 것입니다.
또다시 누리게 될
하나님의 생명으로
불법과 불의가 만연한
이 세상살이를
당당하게 살아가는 것입니다.
하여,
이미 받은 구원 그 이후,
부단한 성장과 성숙과 함께
나의 믿음을 뛰어넘는 교회의 신비를,
성경이 안내하고 있는

교회의 교회됨을
정직하게 알아가야 합니다.
나아가
그 교회를 삶으로 체득하고
누리며 살아가야 합니다.
마침내
변화된 내가 우리가 되고
변화된 우리가 교회를 이루어
하나님의 생명이야말로
남은 생의 해답임을
증명할 수 있어야 합니다.
이 같은 시대의 부담에
정직하게 반응하게 하소서.
이 같은 하나님의 일에
신실하게 사용되게 하소서.
처음부터 끝까지!

| 23 |

욕을 당하시되 맞대어 욕하지 아니하시고
고난을 당하시되 위협하지 아니하시고
오직 공의로 심판하시는 이에게 부탁하시며

살아계신 하나님은
나와 우리의 모든 형편을
바라보시고
하나님의 방법으로
섭리하심을 믿어야 합니다.
때로는 감당하기 힘든
고난의 현장에서도
결코 떠나지 않으시고
끝까지 이겨낼 수 있도록
섭리하심을 믿어야 합니다.
하여,
빠르면 빠른 대로
늦으면 늦은 대로
변함없이 하나님의 말씀을 믿고,
변함없이 하나님의 마음을 품고,
변함없이 하나님의 일을 감당해 내는
믿음의 일상을 살아가야 합니다.
그것도 자원함으로
기쁨으로 감사함으로
앞서 가신 예수님을 따라가고
앞서 가신 믿음의 선배들을 따라가는

믿음의 사람이 되어야 합니다.
또다시 마련된 기회를
하나님의 생명으로 뿌리내리고,
하나님의 마음으로 뻗어나가며,
하나님이 원하시는 열매를 맺게 하는
다시 오지 않을 남은 생으로
만들어가야 합니다.
이후로도
어떤 형편에서든지
하나님의 편에 서게 하소서.
하나님의 자녀답게 선택하게 하소서.
하나님의 섭리가 증명되게 하소서.
먼저는
내가 살아나고 깨어나게 하소서.
이로써
함께 한 자들이
살아나고 깨어나게 하소서.
마침내
하나님의 뜻이 이루어지게 하소서.
하나님의 나라가 임하게 하소서.
더욱 진하고 강하게!

친히 나무에 달려 그 몸으로 우리 죄를 담당하셨으니
이는 우리로 죄에 대하여 죽고 의에 대하여 살게 하려 하심이라
그가 채찍에 맞음으로 너희는 나음을 얻었나니

전적인 하나님의 은혜로
놀라운 구원을 받은 사람이라면 누구나
복음에 합당한 열매를 맺고
살아가야 합니다.
새롭게 태어난 새사람의 인격이
성장하고 성숙해야 할 것은
아무리 강조해도
지나침이 없는 것입니다.
여기에 더해 반드시
성경이 안내하고 있는 교회를
바로 알고,
그 교회의 구성원이 되어
맡겨진 하나님의 일을
함께 감당해가야 합니다.
신앙의 연수를 더해갈수록
나와 교회를 향한
하나님의 계획과 목적은
참으로 차원이 높고

지극히 풍성하다는 사실을
절감해가야 합니다.
하여,
겉사람의 낡아짐 속에서도
속사람의 안정감과 넉넉함으로
또다시 성장하고 성숙할 그들을 위해,
나아가
그들로 하여금
함께 하나님의 일을 감당해내는
교회의 구성원이 될 수 있도록
이미 받은 자원을 낭비하기를
더욱 더욱 기뻐하는 자로
살아가야 합니다.
이처럼 하나님의 일은
어느 시대에나,
특별히 이같이
잔꾀를 부리는 시대에서는
더욱 어리석고 터무니없어 보입니다.

그럼에도 불구하고,
하나님을 알고,
하나님의 성품을 알고,
하나님의 마음을 알기에
나아가
나와 교회를 향한
하나님의 계획과 목적을 알기에
또다시
미련한 선택을 하게 되는 것입니다.

이 선택 위에
하나님의 은혜가
끊임없이 부어지게 하소서.
이 걸음 위에
하나님의 역사가
끊임없이 일어나게 하소서.
이 여정 위에
하나님의 열매가
끊임없이 맺히게 하소서.

## | 25 |
### 너희가 전에는 양과 같이 길을 잃었더니
### 이제는 너희 영혼의 목자와 감독 되신 이에게 돌아왔느니라

전과 후의 분기점을 넘어선 사람이
어찌 이전 길로 돌아설 수 있겠습니까!
전과 후의 분명한 차이를 아는 사람이
어찌 겸손해지지 않을 수 있겠습니까!
오늘과 내일의 의미를 헤아리는 사람이
어찌 최선의 삶을 살지 않겠습니까!
오늘과 내일의 소망을 품은 사람이

어찌 이 세상에 붙잡혀
허덕이겠습니까!
오늘의 나는
그리스도인입니다.
내가 하나님이 되어 살아가는 죄가
얼마나 엄청난 죄인지를
철저히 자각했던

하여, 그림을 그대로 1

그리스도인입니다.
죄와 죽음의 문제를
완전히 해결해 주신 부활예수를
남은 생의 주인이라 믿고
새사람으로 다시 태어난
그리스도인입니다.
달라져도 너무나 달라져버린
그리스도인입니다.
이후로도
너무나 아름답고 멋있게
변화될 것이라는
기대감을 가지고 살아가는

그리스도인입니다.
마침내
나를 향한 하나님의 은혜와 사랑으로
하나님의 열매를 맛보고 누릴
그리스도인입니다.
하여,
나의 주인되신 부활예수가
남은 생의 큰 자랑이 되게 하소서.
변화되어가는 일상이
남은 생의 큰 기쁨이 되게 하소서.
이후로도 맺게 될 그 열매가
남은 생의 큰 감사가 되게 하소서.

# 제3부

# 의를 위하여
# 고난을 받으면

## Even if you should suffer
## for righteousness' sake

(베드로전서 3장)

아내들아 이와 같이 자기 남편에게 순종하라
이는 혹 말씀을 순종하지 않는 자라도 말로 말미암지 않고
그 아내의 행실로 말미암아 구원을 받게 하려 함이니

결국은 알고 믿는 바대로
살아가느냐 하는 것입니다.
말씀대로,
성령님의 지도하심대로
선택하고 행동하는 삶은
살아계신 하나님의 역사를
반드시 경험하게 합니다.
신실하신 하나님께서
약속하신 바들을
잘 기억하고
끝까지 따라가는
말씀의 사람은
하나님의 나라를
다시 말해서,
예수님이 왕이 되고
주인이 되는 삶을
더욱 더욱 진하게
알아가고 누려나갑니다.

오늘도
성장하고 성숙하는
새사람의 인격으로
그렇게 정직하고 성실하게
살아갈 수 있음은
그만큼
하나님의 은혜와 사랑이
흘러넘치고 있다는 증거입니다.
어떤 형편에서든지
기뻐하고 감사할 수 있음은
오늘도 여전히
성령충만함을 누리고 있다는
증거입니다.
하여,
이토록 불편하고 불쾌한
시대와 시절도
능히 뛰어넘고야 마는
믿음의 사람이 되게 하소서.

진한 감동과 도전을 일으키는

하나님의 사람이 되게 하소서.

## 너희의 두려워하며 정결한 행실을 봄이라

다음 세대를 위한

오늘 나의 책임감이

무겁게 느껴져야 합니다.

당대만을 위한

호의호식이 아니라

다음 시대를 향한

나의 결단과 희생이

오늘의 일상을 통해서도

진하게 묻어나야 합니다.

결국

오늘 나의 안목과

오늘 나의 실천이

당대와 후대를 살리고

더욱 든든히

세울 것이라는 확신이

깊고 넓게 뿌리내려야 합니다.

이처럼

한 사람의 변화는

참으로 위대한 것입니다.

오늘 나의 변화는

진실로 기적 중의 기적입니다.

나의 변화로 인해

환경과 사람이

살아나고 깨어남은

하나님의 큰 기쁨입니다.

하여,

분주하고 메마른

오늘을 살아도

남은 생이 가슴 벅차고,

남은 생이 기대되며,

남은 생이 더욱 큰 소망으로
차고 넘치는 것입니다.
이후로도
넉넉하게 하소서.

변함없이 신실하게 하소서.
즐거이 헌신하게 하소서.
마침내
하나님의 큰 기쁨이 되게 하소서.

| 03 |

## 너희의 단장은 머리를 꾸미고 금을 차고
## 아름다운 옷을 입는 외모로 하지 말고

바쁘고 고단한 일상 중에도
속사람의 건강에 소홀하다보면,
머지않아 심각한 수렁에 빠져드는
형편에 이르게 되는 것입니다.
하나님과의 친밀한 관계를 위해
말씀과 기도라는 신앙의 기본도구로
그간 흐려지고 막힌 영적안목을
맑고 투명하게 일깨우기를
유보하거나 거부하다보면
이미 받은 은혜라도 잊혀지고,
이후로 받을 은혜 또한 차단되는
어처구니없는 처지에

들어서게 되는 것입니다.
하여,
먼저는
속사람입니다.
다시 태어났으니
새사람의 인격입니다.
안으로부터 흘러넘치는
하나님의 성품과 마음입니다.
이처럼
흔들리지 않는 중심을 잡게 하소서.
안과 밖이 일치를 이루게 하소서.
성숙된 삶을 누리게 하소서.

아름답고 멋있는
하나님의 사람이 되게 하소서.

참으로!

| 04 |

## 오직 마음에 숨은 사람을 온유하고 안정한 심령의 썩지 아니할 것으로 하라
## 이는 하나님 앞에 값진 것이니라

정욕은
심신의 능력에 균형이 깨어지고
방향성을 잃어버린 결과물입니다.
정욕은
살아계신 하나님의 역사를
경험하지 못하도록,
하나님의 절절한 마음을
깨닫지 못하도록,
하나님의 거룩한 성품을
닮아가지 못하도록
오늘의 기회를 가로채고 가로막는
고질적인 악성과 악습입니다.
정욕은
마땅히 구하고 찾고 두드려야 할

오늘의 필요들에 무감각하게 만들고
나와 이웃을 살리고 깨울 수 있는
가장 안전하고 바른 안내를
외면하게 합니다.
마침내
정욕으로 인해
겉사람의 낡아짐 중에
속사람의 낡아짐도 더해지고
위선과 집착과 독선과
변명과 게으름과 우울함으로 얼룩진
남을 생을
살아갈 수밖에 없는 것입니다.
하여,
남은 생만큼은

더 이상 후회가 없길
간절히 소망해야 합니다.
좁은 문으로 들어서고,
좁은 길로 나아가기를
자원해야 합니다.
이미 하나님의 자녀가 되었으니
남은 생의 사용권을
주인되신 하나님께,
나의 모습으로 낮아지신
부활하신 예수님께,
말씀으로 지도하시는 성령님께
기꺼이 감사함으로
내어드려야 합니다.
그리고

시대와 시절의
아픔과 절망을 실감하면서
어찌하든지
믿음의 사람,
말씀의 사람,
순종의 사람이 되기를
결단해야 합니다.
이로써
정욕을 거절하고 살아가는
지혜와 총명의 사람이
되게 하소서.
이로써
하나님의 큰 기쁨이 되게 하소서.
날마다!

## | 05 |
### 전에 하나님께 소망을 두었던 거룩한 부녀들도
### 이와 같이 자기 남편에게 순종함으로 자기를 단장하였나니

한 사람 한 사람은
너무나 귀한 존재입니다.

그러나
피조물인 한 사람 한 사람이

창조주 하나님이 정해 놓으신

질서와 균형을 잃어버리면

그 귀함도

결국

왜곡되고 변질되기 마련입니다.

지금 내게 좋은 것이라도

그 질서와 균형의 경계를 벗어나면

결국

나와 이웃을 병들게 하는 독이 되고,

지금 내가 살아가는 이유라도

생명과 약속의 말씀을 벗어나면

결국

남은 생도 후회하게 만드는 것입니다.

하여,

신앙의 연수가 더해지면서

그 교훈과 명령 앞에

나의 무능함과 부패함을

온전히 굴복시키는 시도를

무한히 반복함으로

오늘과 내일의 영적인 안목이

더 넓게 열려야 합니다.

어느 덧

하나님 아버지의 마음과 성품이

가슴과 삶으로 깊이 깨달아질 때

더 이상

옛사람의 무지와 불순종을

따르지 않고 있는 새사람의 나를

경험해가야 합니다.

이처럼

안과 밖이 조화를 이룬

성숙된 그리스도인으로

살아가게 하소서.

속과 겉이 일치를 이룬

믿음직한 그리스도인으로

살아가게 하소서.

하나님의 질서와 균형을 잃지 않는

깨어있는 그리스도인으로

살아가게 하소서.

| 06 |

사라가 아브라함을 주라 칭하여 순종한 것 같이
너희는 선을 행하고 아무 두려운 일에도 놀라지 아니하면
그의 딸이 된 것이니라

---

부활예수가
하나님이셨다는 사실이 믿어짐으로
부활예수를
남은 생의 주인으로 모신
구별된 사람이라 할지라도
새사람의 인격이
아름답고 풍성하게 변화되기를
열망하며 부단히 훈련하지 않으면,
오늘을 살아도 여전히
옛사람의 악성과 악습에
메일 수밖에 없다는 현실을
결단코 간과해서는 안 됩니다.
이미 변화된 귀한 신분임에도
무익하고 해로운 차별의식으로
사람들과 환경을 대면하고 있다면,
설상가상으로
마땅히 누리고 증명해야 할
살아계신 하나님의 역사를

나의 아집과 방식으로
차단하고 있다면
내일의 형편도 달라지지 않고
오히려 더
공허할 수밖에 없다는 사실을
의도적으로 외면해서도 안 됩니다.
하여,
철저함으로
처절함을 이겨내야 합니다.
악성과 악습 앞에서의 단호함으로
무기력과 무감각을 이겨내야 합니다.
불신앙과 불순종 앞에서의 돌이킴으로
절망과 후회를 이겨내야 합니다.
이후로 변화될 삶을 향한 기대감으로
두려움과 패배감을 이겨내야 합니다.
나이를 더해갈수록
신앙의 연수가 더해질수록
하나님의 마음과

94

생명과 약속의 말씀과

일깨우시고 인도하시는

성령님으로 인해

피동되고 선택하며 행동하는

깨어있는 그리스도인이 되게 하소서.

어제보다 더 맑고 깨끗한

구별된 삶을 살아가게 하소서.

오늘도 내일도!


| 07 |

남편들아 이와 같이

지식을 따라 너희 아내와 동거하고 그를 더 연약한 그릇이요

또는 그 아내를 더 연약한 그릇 같이 여겨 지식을 따라 동거하고

또 생명의 은혜를 함께 이어받을 자로 알아 귀히 여기라

이는 너희 기도가 막히지 아니하게 하려 함이라

사람의 형편이

제각기 다른 것이 일반인지라

상상하기조차 힘든

참으로 왜곡되고 굳어버린

처절한 삶을 살아가고 있을지라도

세상 어디에서도 경험할 수 없었던

하나님의 위로와 평안을

받고 살아갈 수 있다는 진실을

끝까지 신뢰해야 합니다.

그토록 처절한 삶의 현장에서도

지극히 선하신

살아계신 하나님의 동행하심이

얼룩진 삶의 마디마디에

깊이 스며들어 있다는 사실을

깨닫고 확인해가면서

이전과는 다른 차원의 삶이

남은 생 앞에

넓게 펼쳐져있다는 진실도

끝까지 신뢰해야 합니다.

하여,

내게 맡겨진 엄청난 자원들이

하나님의 뜻을 이루어나가는

귀한 도구요 선물이라는 확신으로

오늘도 더욱 아름답고 풍성한 일상을

일구어내는 것입니다.

또다시 부어지는

하나님의 위로와 평안으로

나의 무능함과 부패함을

정화시키고 일으켜 세우는 것입니다.

홀로서기하다

결국 무너질 수밖에 없는

약하고 여린 이웃의 이모저모에

자원함으로 동참하고

힘이 되어주는 일상을

살아가는 것입니다.

이즈음에도

하나님의 긍휼이 흘러넘치게 하소서.

환경과 사람들을 살리고 깨우는

깨끗한 그릇이 되게 하소서.

때를 따라 역사하시는

살아계신 하나님의

기쁨이 되게 하소서.

끝까지

하나님의 편에 서기를

기뻐하게 하소서.

| 08 |

## 마지막으로 말하노니 너희가 다 마음을 같이하여 동정하며
## 형제를 사랑하며 불쌍히 여기며 겸손하며

부활예수를 믿음으로

다시 태어난 새사람의 인격은

하나님의 성품과 마음을

마땅히 대변하려 합니다.

보여주시고 들려주심으로
더해진 믿음과 세워진 인격은
하나님이 보시기에 합당한 삶을
자원함으로 살아가려 합니다.
이처럼 성장하고 성숙함으로
그리스도인의 진미를
오늘도 경험하고 누리고 있는
깨어있는 신자에게는
하나님 중심을 잃어버린
그 모든 이력과 업적이라는 것이
결국 무너질 수밖에 없는
바벨탑으로 여겨지기 마련입니다.
영원한 실상을,
다시 말해서
생의 참 의미와 방향을
발견한 그리스도인에게는
말씀 중심을 이탈한
그 어떤 시도와 성과라는 것이
결국 지독한 냄새만을 풍기게 될

배설물로 여겨지기 마련입니다.
하여,
또다시
눈을 들어야 합니다.
마음을 세워야 합니다.
그 어떤 반역과 거절 앞에서도
더욱 더욱 힘을 다해
그리스도인답게 살아가야 합니다.
그토록 무익한 바벨탑과
그토록 역겨운 배설물을
담대하게 넘어서야 합니다.
마침내
부족하고 연약한 나를 통해서도
하나님의 성품과 마음이
흘러넘치게 하소서.
하나님의 자원으로
나와 이웃을 살리고 세우는
믿음의 삶을 살아가게 하소서.
끝까지!

악을 악으로, 욕을 욕으로 갚지 말고 도리어 복을 빌라
이를 위하여 너희가 부르심을 받았으니 이는 복을 이어받게 하려 하심이라

남은 생에 있어서
예수님보다 더 나은 것이
더 이상 없어질 때
비로소 나를 지극히 낮추는 삶을
살아가고 있는 것입니다.
하나님의 이름을 빙자한
이러저러한 명분과 내용은
결국 하나님을 차선으로 내치고
나의 경험과 나의 계획에
철저히 충실하려 합니다.
살아나고 깨어날
다시 찾아온 기회에
예수님 중심, 말씀 중심으로
오늘을 재편하고 수정하지 않으면
결국 나를 죽이고 이웃도 죽이는
교만한 자로 남게 된다는 사실을
결단코 잊어서는 안 됩니다.
하여,

어찌하든지
겸손하기를 선택해야 합니다.
겸손은 곧 관계성입니다.
겸손은
하나님과 나의 관계를 재정리하고,
겸손은
나와 이웃의 관계를 투명하게 하며,
겸손은
나에게 부속된 자원들의
용도와 씀씀이를
하나님의 계획과 마음 위에
올려놓게 합니다.
겸손한 삶은
더욱 예수님 중심, 말씀 중심에
서게 합니다.
겸손한 삶은
마땅히 경험하고 누려야 할
하나님의 은혜로 안내합니다.

겸손한 삶은
마침내 하나님의 뜻을 이루게 합니다.
이후에도
나의 왕 나의 주인되신 예수님 앞에

마음으로 삶으로 엎드리게 하소서.
안과 밖 모두
밝고 맑은 자로 살아가게 하소서.

| 10 |

그러므로 생명을 사랑하고 좋은 날 보기를 원하는 자는
혀를 금하여 악한 말을 그치며 그 입술로 거짓을 말하지 말고

창조주 하나님 앞에서
피조물된 나를 발견한 사람이
부활예수를
구속의 주로
나아가
심판의 주로
믿고 살아가는 것은
기본 중의 기본입니다.
약속의 말씀 그대로
하나님 앞에 서게 될 그날에
이 땅에서의 모든 언행심사가
명명백백히 드러나게 될 것을

알고 믿고 살아가는 것 또한
그리스도인이 품고 있는
기본적인 이해와 믿음입니다.
이와 같은 기본 위에 서 있는
그리스도인의 신앙생활은
그 연수만큼
안과 밖을 변화시키고
더욱 크고 확실한 소망으로
오늘의 문제를 넘어서게 합니다.
하여,
성장하고 성숙할수록
정직하고 성실하기로

몸부림치지 않을 수 없고,
충성되고 인내하기로
결단하지 않을 수 없는 것입니다.
마땅히 내일은
오늘보다 차원을
달리할 것입니다.
그야말로 복되고 넉넉한
믿음의 실제를
경험하고 누릴 것입니다.
이 세상의 그 무엇으로도

담아낼 수 없고
흉내 낼 수 없는
참으로 훌륭한 삶을
살아갈 것입니다.
이후로도
이런 자로 세워지게 하소서.
이처럼 보장된 내일을
기쁘게 누리게 하소서.
하나님 앞에서!
사람들 앞에서!

| 11 |

## 악에서 떠나 선을 행하고 화평을 구하며 그것을 따르라

하나님의 편에 서는 것이
곧 성경적인 선입니다.
부활하신 예수님을
남은 생의 주인으로 믿고,
하나님의 말씀에 뿌리를 내리며,
그 교훈과 명령대로 순종하는 것이
곧 성경적인 선입니다.

때마다 일마다
일깨우시고 도전하시는
하나님의 마음과 성품대로
안과 밖으로 살아내는 것이
곧 성경적인 선입니다.
결론적으로
피조물된 자리를 이탈하고

스스로 하나님이 된 사람의
그 어떤 고상하고 기록할만한
성과와 업적이라는 것이
하나님의 절대기준을
결단코 충족시킬 수 없는
헛되고 헛되며 헛되고 헛된
어리석은 발버둥이라는 사실을
일찌감치 깨닫고 돌이켜야 합니다.
언제나 그렇듯이
하나님의 간섭하심과 일하심에는
세상이 만들어낼 수 없는
평강과 위로가 흐르고,
세상이 감당할 수 없는
용기와 결단이 드러납니다.
하나님의 역사에 사로잡히고

생명과 약속의 말씀에 결박된
깨어있는 그리스도인의 삶에는
사람과 환경을 이겨내게 하는
무한인내와 무한용서가
배양되기 마련입니다.
하여,
살아나고 깨어나기를
간절히 소망하게 하소서.
바른 믿음의 삶으로
성장하고 성숙하게 하소서.
어찌하든지
하나님의 편에서
선택하며 살아가게 하소서.
남은 생을 다해!

| 12 |

주의 눈은 의인을 향하시고 그의 귀는 의인의 간구에 기울이시되
주의 얼굴은 악행하는 자들을 대하시느니라 하였느니라

오늘도
죽은 하나님이 아니라
살아계신 하나님을
믿고 살아간다는 것이
얼마나 놀라운 경험인지를
기뻐하고 깊이 감사해야 합니다.
나의 안과 밖 자체가
살아계신 하나님을 향해
온전히 열려서 교제할 수 있다는 것이
얼마나 위대한 삶인지를
확신하고 마음껏 누려야 합니다.
참으로 왜곡되고 변질된
시대와 환경과 사람들을 대하면서도
살아계신 하나님과 함께 한다는 것이
얼마나 큰 위로와 소망인지를
몸소 경험하고
바르게 안내해야 합니다.
하여,
살아계신 하나님의 마음 그대로

낮은 곳을 향하지 않을 수 없고,
험한 일을 마다하지 않을 수 없고,
좁을 문을
들어서지 않을 수 없는 것입니다.
또한
살아계신 하나님의 성품 그대로
인내하지 않을 수 없고,
용서하지 않을 수 없고,
사랑하지 않을 수 없는 것입니다.
이후로도 남은 생을
더욱 아름답고 멋있게
살아가게 하소서.
하나님의 마음과 성품에 어긋난
그토록
구차하고 부패한 이모저모로부터
단호하고 넉넉히 구별되게 하소서.
살아계신 하나님의 동행하심이
맑고 깨끗하게 드러나게 하소서.
오늘도!

# 또 너희가 열심으로 선을 행하면 누가 너희를 해하리요

오래도록
바른 선택을 하고,
오래도록
바른 길을 걸어가기가
쉽지는 않다고 해도
결코 넘어설 수 없는
그런 산은 아닙니다.
환경과 사람들의 소리가
'힘들다! 어렵다! 더디다!'고
집요하게 훼방을 놓아도
하나님의 마음과 성품에 따른
다시 말해서
생명과 약속의 말씀 그대로
일상을 선택하고 살아가다보면
비록 부족하고 연약한
한 사람의 삶이라도
세월의 무게감 이상으로
맑고 깨끗하게
더불어
밝고 아름답게

세워지는 것은
지극히 당연하다 하겠습니다.
부활예수를
남은 생의 주인으로 믿고
일상의 주도권을
주인께 내어드리고 있는
깨어있는 그리스도인은
이와 같은 삶을
경험하고 누리는 것 또한
지극히 당연하다 하겠습니다.
이즈음에도
지금 무언가에 사로잡혀
더 이상 바른 선택을 할 수 없고,
더 이상 바른 길로 나아갈 수 없다면
처음 그 자리로
정직하게 돌아가기를
더욱 적극적으로 결심해야 합니다.
참으로 헛되고 헛되며 헛되고 헛된
그토록 위장된 명분과 이유들에
아직까지도 묶여있다는 자각이

진지하게 일어나고 있다면
덮어두었던 부패함을
미련 없이 내려놓기를
더욱 적극적으로 실천해야 합니다.
하여,
세상이 도무지 감당할 수 없고,

하나님이 참으로 기뻐하시는
믿음의 사람이 되게 하소서.
어떤 형편에서든지
하나님의 편에 서기를 자원하는
믿음의 사람이 되게 하소서.
오래도록!

| 14 |

### 그러나 의를 위하여 고난을 받으면 복 있는 자니
### 그들이 두려워하는 것을 두려워하지 말며 근심하지 말고

살아계신 하나님 앞에서
정직하게 그리고 철저하게
나를 낮추는 삶이란
하나님만을 주인으로 섬기는 삶이요,
하나님과 사람과 사물과 환경을
바르게 이해할 뿐만 아니라
바른 관계를 맺고 살아가는
겸손한 삶이라고 했습니다.
이에 더하여,
하나님 앞에서

생명과 약속의 말씀 앞에서
그리고 교훈과 명령 앞에서
전인격을 다해 순종하는 삶이요,
어떤 형편에서든지
하나님의 편에 서고
하나님께 가까이 하기를
선택하는 삶이라 했습니다.
이처럼
창조주 하나님 앞에서
지속적이고 일관되게

나를 낮추어 나갈 때
때를 따라
하나님께서 계획하신 귀한 열매를
맛보게 하신다는 사실을
신뢰하지 않을 수 없는 것입니다.
결국
남은 생을 통해서도
낮아지는 만큼
하나님의 은혜가
얼마나 크고 풍성한지를
실감하게 된다는 것입니다.

하여,
또다시
이즈음의 일상을 점검해보고
왜곡되고 어긋나고 가려진
나의 이모저모를
수정하고 조정하고 세우게 하소서.
또다시
안과 밖으로 무장되게 하소서.
살아계신 하나님의 일하심에
쓰임 받는 귀한 그릇이 되게 하소서.

| 15 |

너희 마음에 그리스도를 주로 삼아 거룩하게 하고
너희 속에 있는 소망에 관한 이유를 묻는 자에게는
대답할 것을 항상 준비하되 온유와 두려움으로 하고

흔히들 소망이라고 하는 것이
잡은듯하면 이내 떠나버리고,
세워진듯하면 이내 변질되어 버리는
그토록 유한하고 덧없는 내용을

담고 있는 형편이 일반입니다.
세상의 소리와 나의 욕심이
크게 요동치고 충전될수록
그토록 귀한 생명은 사라져버립니다.

나라는 존재는
사실 차원을 달리해야 할 것인데
나도 모르게 혹은 내가 원해서
그저 묶이고 얽힌
악성과 악습의 노예로
살아가고 있지는 않는지
정직하게 살펴보아야 합니다.
하여,
이후로는 혹은 이후로도
소망 있는 삶을 살아가야 합니다.
환경과 사람들 앞에서도
변질되지 않는 영원한 실상을
경험하고 누리는 삶을 살아가야 합니다.
창조주 하나님 앞에
반드시 서게 될 것이라는
소망으로,
연약하고 부족했지만
부활하신 예수님을
주인으로 삼아온 지난 삶을
반드시 점검받게 될 것이라는

소망으로,
아둔하고 무분별했지만
여전히 깊고 높은
생명과 약속의 말씀이
거짓하나 없는 절대기준이라는 사실을
반드시 명쾌하게 확인하게 될 것이라는
소망으로
오늘의 부담과 본분을
최선을 다해 감당해 내는
소망 있는 삶을 살아가야 합니다.
이처럼
남은 생은
더욱 소망이 넘치게 하소서.
변함없는 소망으로
참으로 넉넉하고 아름다운
열매를 맺게 하소서.
이처럼
누가 보아도 변화되어가는
오늘을 살아가게 하소서.
멋있고 아름답게!

선한 양심을 가지라 이는 그리스도 안에 있는 너희의 선행을 욕하는 자들로
그 비방하는 일에 부끄러움을 당하게 하려 함이라

오랜 시간을 두고 확인해보면
한 사람의 내면과 삶의 실제가
밝히 드러나기 마련입니다.
전적인 하나님의 은혜라는
변함없는 기초 위에
얼마나 정직하게
그리고 최선을 다해
그 은혜를
은혜답게 여기며 살아왔는지는
지난 삶의 내용과 흔적으로 보아
어렵지 않게 확인할 수 있는 것입니다.
더불어 이즈음에도
남은 생의 방향과 이유가 무엇인지는
오늘의 언행심사 곳곳에
깊이 베여있음도
부인할 수 없는 사실입니다.
그러나 이때에라도
생명과 약속의 말씀으로
왜곡되고 굳어진 양심을

정화시키고 단련해야 하겠습니다.
그리고
이미 맑아지고 세워진
신앙양심이라면
더욱 밝아지고 담대해지기를
간절히 소망하면서,
때를 따라 찾아온 기회로
나의 품격을
한 차원 더 고양시키는
믿음의 선택을 해야 하겠습니다.
결국
환경과 사람이라는 대상은
하나님의 은혜를 실감하는 만큼
안과 밖으로 변화를 받게 되고,
하나님의 마음에 합한
신앙양심으로 살아가기를 자원하는
깨어있는 나와 우리로 인해
그토록 암울하고 부패한 안과 밖이
살아나고 회복되고 있다는 확신을

더해가야 하겠습니다.
하여,
참으로 맑고 밝은
그 자리로 돌아가게 하소서.

더불어
참으로 맑고 밝은
그 자리로 나아가게 하소서.
살아계신 하나님 앞에서!

## | 17 |

### 선을 행함으로 고난 받는 것이 하나님의 뜻일진대
### 악을 행함으로 고난 받는 것보다 나으니라

삶의 중간평가도 그렇고,
생의 마지막 즈음의 결산도 그렇고,
결국 어떻게 선택했느냐에 따라
각기 다른 결론이 나옵니다.
하나님의 은혜가
얼마나 풍성한지를
그리고
하나님께서 해결해주신 나의 형벌이
얼마나 심각했는지를 알게 된 이상,
그렇게 구원받은 자답게
하나님의 교훈과 명령을 따라
이 세상을 살아간다는 것이

결코 쉬울 수 없다는 사실도
반드시 유념해야 합니다.
단언하건대,
바른 신앙생활이야말로
그저 쉽게 경험할 수 있는
그 무엇이 아닙니다.
하여,
때마다 일마다
하나님의 편에 서기를
부단히 선택해야 합니다.
이를 위해
사람들이 보는 내가 아니라

하나님이 보시는 내가 되기를
부단히 소원해야 하고,
나의 악성과 악습을
부단히 넘어서야 합니다.
오늘도
전후좌우 어디를 보아도
어두움은 여전히 짙고
부패함도 여전히 심각합니다.
그럼에도 불구하고
대가를 지불하는 사람으로,
하나님의 사람으로,

말씀의 사람으로,
믿음의 사람으로,
소망의 사람으로
예수님의 제자로 살아가기를
기꺼이 선택해야 합니다.
이로써
하나님의 뜻을 이루게 하소서.
하나님의 마음에
합한 자가 되게 하소서.
소금으로, 빛으로!
변함없이!

| 18 |

그리스도께서도 단번에 죄를 위하여 죽으사
의인으로서 불의한 자를 대신하셨으니
이는 우리를 하나님 앞으로 인도하려 하심이라
육체로는 죽임을 당하시고 영으로는 살리심을 받으셨으니

아주 미미한 불편함과 불이익에도
과민하게 혹은 대단하게 반응하는 한편,
혁명적이고 지속적인 인격의 변화를

지연하고 거부하고 있는 모습은
사람이라는 존재가 품고 있는
무능함과 부패함의 일면일 뿐입니다.

하여,
살아가는 목적과 이유가
때마다 일마다 수정되지 않으면
결국 무능함과 부패함의 자리에
눌러앉아 있을 수밖에 없다는 교훈을
진지하게 받아들이게 하소서.
하여,
언제나 참이 되는
생명과 약속의 말씀과 함께
이전에는 경험하지 못했던
무한한 하나님의 자원을
맛보고 누리기를
부단히 훈련하게 하소서.
하여,
때로는 불편하고,
당장은 불이익이라고 해도
앞서 가신 예수님과

연이어 따라갔던 믿음의 선배들처럼
그렇게 인내하며,
그렇게 기뻐하고 감사하며
살아가기를 자원하게 하소서.
하여,
이즈음에도
남은 생의 목적과 이유를
정직하게 확인하고,
살아계신 하나님께서
그토록 원하시고 기뻐하시는
풍성한 삶을 향해 나아가며,
마침내
오고가는 사람들을 위한
바른 길잡이가 되게 하소서.
부르시는 그날까지!
진실로!

| 19 |

## 그가 또한 영으로 가서 옥에 있는 영들에게 선포하시니라

부단히 일깨우시고 도전하시는
성령님의 일하심에
남은 생을 다해
전적으로 신뢰하고 따라가면
영적인 안목은
반드시 넓어지는 법입니다.
때마다 일마다
성령님의 마음을
정확하게 감지하고
온전하게 따라갈 수 있도록
구체적으로 안내하는
생명과 약속의 말씀 위에
지금 이곳에서 부속된 자원들을
자원함으로 올려놓고 맡기면
영적인 담력과 실력은
반드시 세워지는 법입니다.
하여,
땅만 바라보기를 중단해야 합니다.
땀 흘리며 수고하는 중에도
하나님의 마음을 알아가고 경험하기를
결코 소홀히 여겨서도 안 됩니다.
나아가

부활예수 안에서의 대자유를
아직도 깨닫지 못하고 살아가는
수많은 사람들을 위해
지금도 섭리하시는
성령님의 일하심에
그렇게 우직하고 신실하게 동참하기를
선택하고 또 선택해야 합니다.
비록 수많은 사람들이
여전히 거절하고 무시해도
그토록 정직하고 충성스럽게
살아가기를
기뻐하고 또 기뻐해야 합니다.
성령님과 동행함으로 경험했던
지난 삶의 이모저모와
이후로 또다시 누리게 될 대자유를
감사하고 또 감사해야 합니다.
이후로도
차고 넘치게 하소서.
살아나게 하시고 깨어나게 하소서.
살아계신 하나님의 역사가
확실히 증거되게 하소서.
나의 일상을 통해서도!

그들은 전에 노아의 날 방주를 준비할 동안
하나님이 오래 참고 기다리실 때에 복종하지 아니하던 자들이라
방주에서 물로 말미암아 구원을 얻은 자가 몇 명뿐이니 겨우 여덟 명이라

해 아래 새로운 것은 없습니다.
나만의 특별함 같아 보여도
지나간 세월을 되돌리는 듯
그렇게 오늘의 특별함도
때가 되면 사라지고
또다시 나타나기를 반복합니다.
이렇듯
사람들의 반응이라는 것이
동서고금 빈부귀천을 무론하고
크게 다르지 않습니다.
각자에게 찾아온
절대절명의 기회를
무심코 지나쳐버리는 것도 그렇고,
살아나고 깨어날
강력한 도전과 세밀한 안내를
가볍게 여기는 것도 그렇고,
심지어
더 이상의 희망이라고는 없는

오늘에 이르러서도
여전히 몸과 마음을 닫아 놓은 채
자멸의 길로 나아가는 것도
그렇습니다.
반면에,
부활예수를
나의 하나님이요
나의 주인으로 믿음으로
하나님의 자녀가 되는
이 놀라운 은혜를
날마다 담아내고 드러내는 삶은
사람이라도 그저 경험할 수 없는
아주 특별함 그 자체입니다.
매 시대와 장소마다
그렇고 그런 진부한 내용은
더더욱 아닙니다.
이와 같은 특별함으로
전혀 새로운 것을 알아가고,

전혀 다른 차원의 삶을 살아가며,
전혀 변함이 없는 실상을
선명하게 바라보는 것입니다.
하여,
세월을 펼쳐보게 하소서.
남은 생을 비우고

또다시 채우게 하소서.
새로운 일상을
멋있고 아름답게 살아가게 하소서.
날마다!
지금부터라도!

물은 예수 그리스도께서 부활하심으로 말미암아
이제 너희를 구원하는 표니 곧 침(세)례라
이는 육체의 더러운 것을 제하여 버림이 아니요
하나님을 향한 선한 양심의 간구니라


이왕이면
적극적인 순종으로
하나님의 기쁨이 되기를
선택해야 합니다.
다시 말해서
'하지 말아야지'라는
소극적인 대응으로
어둡고 부패한 본성에

또다시 메이기보다는
'마땅히 해야지'라는
적극적인 순응으로
도전과 소망의 권고에
귀 기울이며
한 걸음씩 나아가기를
선택해야 합니다.
이처럼

성령님의 역사에
적극적으로 순종하고,
생명과 약속의 말씀을 따라
적극적으로 행하면 행할수록
오늘과 내일의 인격과 삶은
반드시 차원을 달리하는 것입니다.
다시 말해서
신앙의 연륜만큼
바른 신앙양심을 따라 살아갈수록
안과 밖의 이모저모는
품격을 달리하는 것입니다.
결국
시작과 지금이
얼마나 달라졌는지가,

시작도 지금도
얼마나 지속적인지가,
시작부터 지금까지
얼마나 신실한지가
세월의 흐름만큼
드러나기 마련입니다.
하여,
'아니다' 싶을 때
또다시 나를 깨우고
또다시 나를 세우는
지혜로운 그리스도인이 되게 하소서.
지금도 앞으로도
적극적으로 순종함으로
아름답고 풍성한 열매를 맺게 하소서.

| 22 |

## 그는 하늘에 오르사 하나님 우편에 계시니
## 천사들과 권세들과 능력들이 그에게 복종하느니라

주인의 간섭과 지도를
근원적으로 거부하고

오로지 나의 소견에 따라
혹은 사람들의 소리에 따라

좌하거나 우하려 하는
너무나 어리석은 모습들에
참으로 애통함을 느낍니다.
그토록 닫히고 막힌
눈과 귀와 양심은
절절한 주인의 초청에
불응하기를 작정한 듯합니다.
결국 후회하되
크게 후회하고야 마는 뻔한 인생을
마치 대단한 삶으로 착각하고
혹은 내일이 없는 오늘로
더 이상의 기대나 소망이 없이
그저 발버둥만 치고 있는 형편이
그렇게 딱할 수가 없는 것입니다.
한 번뿐인 지난 생을
그렇게 열매 없이 살아왔음에도
남은 생마저도 또 그렇게

악성과 악습의 노예가 되고 있는
한 사람 한 사람이
그저 안타깝고 안타까울 따름입니다.
하여,
어느 때에라도
주인께서 말씀하시면
기꺼이 순종하는
충성된 그리스도인이 되게 하소서.
환경과 사람들의 우매함과 부패함에
심히 낙심될지라도
변함없는 부활소망으로
환경과 사람들을 넘어서게 하소서.
이 세상이 결코 만들어 낼 수 없는
하나님의 마음으로
차고 넘치게 하소서.
깨어있는 그리스도인답게!

# 제4부

# 뜨겁게
# 서로 사랑할지니

## Keep loving
## one another earnestly

(베드로전서 4장)

그리스도께서 이미 육체의 고난을 받으셨으니
너희도 같은 마음으로 갑옷을 삼으라
이는 육체의 고난을 받은 자는 죄를 그쳤음이니

예수님의 십자가가
무슨 의미인지를,
이와 동시에
예수님의 부활하심이
무슨 의미인지를
정확하게 알고 믿은
그리스도인의 안과 밖은
남은 생을 통해
전혀 다른 모습으로
변화되어 갑니다.
현실이라는 장애물과
고질적인 악습이라는
진부한 핑계거리들이
어느덧 혹은 지속적으로
제거되고 소멸되는 경험을
숱하게 반복해 갑니다.
하여,
세상과 나의 부패함을

이겨내는 힘과 지혜는
오직 하나님께로부터
공급된다는 사실을 기억하면서
때마다 낮아지고
일마다 엎드립니다.
불편하고 불미한 중에도
환경과 사람들이 억누를 수 없는
변함없는 소망과
확신에 찬 기대감으로
여전히 기뻐하고
여전히 감사합니다.
어찌하든지
살아계신 하나님의 마음이
연약하고 부족한 나를 통해서도
차고 넘쳐 흘러가기를 소원하면서
부단히 채우고
부단히 비워냅니다.
이와 같이

더욱 성장하고 성숙하게 하소서.
환경과 사람들 앞에서
더욱 담대하고 겸손하게 하소서.
결국
참 좋으신 하나님이

남은 생의 주인되심이
증거되게 하소서.
오늘도!
내일도!

## | 02 |

### 그 후로는 다시 사람의 정욕을 따르지 않고 하나님의 뜻을 따라 육체의 남은 때를 살게 하려 함이라

또다시 이즈음에
오늘을 만족시키는
나의 자랑거리들이 무엇인지를
살아계신 하나님 앞에서
정직하게 되짚어보라 하십니다.
부활예수를 믿고
지나온 신앙의 경륜만큼
혹은 그 이상으로
나의 안과 밖이
얼마나 성장했고 성숙했는지를
주인되신 예수님 앞에서

조목조목 살펴보라 하십니다.
생명과 약속의 말씀이
오늘 나의 삶에도
얼마나 의미 있게 자리 잡고 있고,
동행하시는 성령님과는
얼마나 친밀하게 소통하고 있는지를
진지하게 자문해보라 하십니다.
결국 나는
진정한 신앙을
삶으로 살아내고 있는가를,
아니면

껍데기 신앙을
여전히 반복하고 있는가를
확인해보라 하십니다.
긍휼에 풍성하신 하나님,
그토록 오래도록
기다리시는 하나님은
또 한 번의 기회를 허락하십니다.
그야말로 역전의 인생을 살아가라고
절절한 마음으로 도전하십니다.
하여,
이즈음에 또다시

허탄한 자랑을
내려놓게 하소서.
남은 생의 방향과 이유를
정비하게 하소서.
하나님 중심을 벗어난
이런 저런 누추함을
담대하게 벗어버리게 하소서.
끝까지
바른 신앙자로 살아가게 하소서.
참으로 성실하게!

| 03 |

## 너희가 음란과 정욕과 술취함과 방탕과 향락과 무법한 우상 숭배를 하여 이방인의 뜻을 따라 행한 것은 지나간 때로 족하도다

사람의 힘으로나 지혜로는
도무지 당해낼 수 없는
재난의 경험과 소식 앞에
그저 함구할 수밖에 없고,
심지어 전부라고 여기며

그토록 의지해왔던 허상들이
결국 어떤 지경이 될 것인지가
적나라하게 드러나고 있는
이즈음에
여전히 무능하고 부패한

나에 대한 자각이
진지하게 일어날 법도 합니다.
그러나
참으로 오래도록
수족을 묶어왔던
만성적인 악성과 악습을
자력으로만 끊어내기가
너무나 어려운 형편이 일반입니다.
그렇다면
어찌해야 합니까!
대답은 언제나 명쾌합니다.
우주전체와 나를 만드신
창조주 하나님 앞에서,
스스로 하나님 되기를
고집하며 살아온 나를 위해
낮아지시고 죽으시고
다시 살아나신 예수님 앞에서,
남은 생을 위한
가장 완벽한 안내서인
생명과 약속의 말씀 앞에서

겸손하게 엎드리는 것입니다.
다시 말해서
피조물의 자리로 돌아가고,
영원히 살게 하시는
예수님을 주인으로 믿고,
보여주시고 들려주시는
교훈과 명령을 따라
신실하게 살아가는 것입니다.
하여,
반드시 변화된 나를
발견하게 될 것입니다.
반드시 살아계신 하나님을
경험하게 될 것입니다.
이후로도
평안하게 하소서.
자족하게 하소서.
기뻐하게 하소서.
승리하게 하소서.
어떤 형편에서든지!

이러므로 너희가 그들과 함께 그런 극한 방탕에 달음질하지 아니하는 것을
그들이 이상히 여겨 비방하나

손바닥도 마주쳐야
소리가 나는 법인데,
작금의 풍색과 유혹을
거절하고 거절하다보니
시간을 더할수록
그 소리는 미미해지고,
어느덧 거친 소리도
멈추고야 말 것은
분명합니다.
하나님 중심을 벗어난
사람 사람의 자랑거리라는 것이
참으로 허탄한 자랑임을 알고 보니
남은 생은
무엇을 그리고 어디를 향해
나아가야 할지가
더욱 명확해지는 것입니다.
옛사람에서 새사람으로
자리를 옮기고 보니

아닌 것에 묶여있는 세월만큼
남은 생은
더욱 비참해질 것이라는 사실이
깨달아집니다.
이에 더해서
아직까지 살아 있음으로 부속된
물리적인 자원이라는 것도
결국 허물어지고 사라질
허상이라는 사실도
깨달아집니다.
이후로도
세상의 소리와
그와 함께 묻어나오는
사람들의 소리에
더 이상 순응하지 않으려 하니
지난 한 때
즐거움을 주었던
이모저모들이

그렇게 어리석고 역겹게
여겨지는 것입니다.
하여,
변화된 존재는
다른 차원의 삶을
살아가야 합니다.
남은 생의 이유와 방향이
분명해야 합니다.
안과 밖의 변화가
실제로 증명되어야 합니다.

마침내
그리스도인이라는 사실이
밝히 드러나야 합니다.
불편함과 불이익을
두려워하지 않게 하소서.
영원한 실상을
믿고 보고 느끼며 살아가는
깨어있는 그리스도인이 되게 하소서.
이즈음에도!
여전히!

| 05 |

## 그들이 산 자와 죽은 자를 심판하기로 예비하신 이에게 사실대로 고하리라

사람들의 인정여부를 떠나
육체 안에 실재하는 영혼은
영원히 살아 있는
불멸의 존재입니다.
결국
모든 사람들이 겪게 될
마지막 여정은

영생 아니면 영벌입니다.
이는 변함없는 사실입니다.
이와 같은 영원한 생명의 실재를
전혀 믿지 못하는 사람들을
걸고넘어질 이유가 전혀 없습니다.
어느 시대나 장소를 불문하고
두렵고 고단하고 난잡한 일상은

생의 걸음걸음 앞에
진을 치고 있는 법입니다.
믿지 못하고 알지 못하니
살아가는 모습이 그런 것이라
당연히 여겨지는 것입니다.
그러나
창조주 하나님의 은혜와 사랑으로
나의 처지가 정확히 깨달아지고
영생으로 이어지는 방도가
남은 생 앞에 열려있음이 믿어져서
예수공동체 안으로 자발적으로 들어선
그리스도인들이,
다시 말해서
예수님이 하나님이시라는
진실이 믿어지고
부활하신 예수님처럼
부활할 것이라는 소망을 품게 된
그리스도인들이
어처구니없는 선택으로
헤매고 있고

열매 없는 삶을
고집하고 있는 형편은
이곳에서도 이미
영생을 살아가고 있는
또 다른 그리스도인의 마음을
참으로 아프게 합니다.
이 또한 어찌하겠습니까!
하여,
오늘도
살아계신 하나님 앞에
일상을 내어드립니다.
영생의 유일한 통로이신
부활하신 예수님을 따라갑니다.
환경과 만남 가운데 역사하시는
성령님을 의지합니다.
이로써
또다시 살아나게 하소서.
더불어 깨어나게 하소서.
참 그리스도인으로!

# | 06 |

## 이를 위하여 죽은 자들에게도 복음이 전파되었으니
## 이는 육체로는 사람으로 심판을 받으나
## 영으로는 하나님을 따라 살게 하려 함이라

꽃이 시들고
잎이 떨어질지라도
하나님의 말씀은
시대와 장소를 불문하고
결코 변하지 않는 약속입니다.
이미 이루어졌고,
이후로도
반드시 이루어질 사실입니다.
이 약속의 말씀이
시대마다 장소마다
일깨우고 있는 '영적죽음'이란
'하나님과의 분리'를 의미합니다.
다시 말해서
'영벌'을 의미합니다.
하나님 중심을 떠나서
자신을 하나님으로 여기며
이기적인 욕심과 세상풍조를 따라
주인노릇하며 살아가고 있는

사람 사람들의 형편은
지금도 '영벌'이요 '영적죽음' 입니다.
한편,
'영생'은 영적죽음에 처한
사람 사람들을 살려냅니다.
예수님이 하나님이시라는
그말씀의 안내를 따라
더 이상은 내가 주인이 아닌
피조물이라는 사실을 인정하고
나의 창조주요 주인이신
'하나님과의 바른 관계'로 들어가는
사람 사람들로 하여금
잃었던 영생을 살아가게 합니다.
나아가
영적죽음에 처한
수많은 사람 사람들에게
오늘도 살아가고 있는 영생을,
다시 말해서

더욱 친밀해진 하나님과의 관계를
밝히 드러나게 합니다.
하여,
보지 못하고 듣지 못해서
믿지 못했던 영생을 경험하게 하소서.
살아계신 하나님 앞에

전적으로 엎드리는 기적을 허락하소서.
하나님과의 친밀한 교제로
오늘도 허락된 환경과 만남을
풍성히 누리게 하소서.
감사함으로!
후회 없이!

| 07 |

## 만물의 마지막이 가까이 왔으니
## 그러므로 너희는 정신을 차리고 근신하여 기도하라

이시대의 무책임한 부자들에게
심지어 참으로 잘못 살아가고 있는
부유해진 그리스도인들에게 고하기를,
재물을 얻는 것보다도
하나님의 사람이 되는 것이
더욱 중요하다는 사실을
결코 잊어서는 안 됩니다.
재물을 쌓아두는 중에도
하나님의 사람이 되기 위해
더 이상 고민하지 않고

더 이상 힘쓰지 않으면
생명을 태워 벌어들인
그 물질로 인해
예외 없이 교만해지고,
말씀을 안다고는 해도
대가를 지불하며 살아가기가
대단히 힘들어진다는 사실도
늘 기억해야 합니다.
결국 마지막에 이르러도
마땅히 나아갈 길을 보지 못하고

마땅히 해야 할 일을 하지 못하는
참으로 어리석은 일상을
반복하고 반복하게 된다는 경고를
가볍게 지나치지 말아야 합니다.
하여,
살아계신 하나님의 심판 앞에
착하고 충성된
믿음의 부자로 인정받기를
진심으로 소원해야 합니다.
환경과 사람들의
부패함과 흉흉함에도
전혀 넘어지지 않는
하나님의 사람이 되기를
간절히 소원해야 합니다.
때마다 일마다
믿음의 선택으로,

다시 말해서
그 교훈과 명령에 순종한 결과로
얻게 된 물질에
진심으로 감사하고 기뻐해야 합니다.
이로써
오늘을 살아가는 이유와 방향이
증명되게 하소서.
하나님의 사람을
처음부터 끝까지 책임지시는
살아계신 하나님이
증거되게 하소서.
첫째도 믿음의 부자요,
다음에도 믿음의 부자로
살아가게 하소서.
이즈음에도!

| 08 |

## 무엇보다도 뜨겁게 서로 사랑할지니 사랑은 허다한 죄를 덮느니라

태생적으로 자기중심적인

무능하고 부패한 사람을

살리고 깨우는 비책은
피조물인 사람으로부터
만들어지는 것이 아니라
창조주 하나님께로부터
부어지는 것입니다.
가장 완벽한 하나님의 방법이라도
사람 안에 자리 잡고 있는
자기중심성이 고조될수록
어리석고 하찮게
여겨지는 법입니다.
이시대의 비극은
생명과 약속의 말씀이
그리스도인들에게서조차도
온전히 환영받지 못하고 있고,
일상가운데 스며들지 않고 있다는
현실입니다.
바쁘고 고단한 일상으로
아니면 게으르고 부유한 일상으로
회개와 회복의 바램과 의지가
소멸된 듯한 현실입니다.
이처럼 현실은
여전히 불가능해보입니다.
아니,
시대마다 장소마다

불가능한 현실은 공존해왔습니다.
그럼에도 불구하고
살아계신 하나님의 역사는
시대를 깨워냈고,
사람들을 살려냈고,
환경을 정돈해왔습니다.
그럼에도 불구하고
위로부터 부어지는
하나님의 무한한 자원은
그리스도인들의 무지와 미숙함을
해체시켜왔습니다.
하여,
유한하고 유한한
나의 자원도 아니요,
허망하고 허망한
세상의 자원도 아닌
영원하고 충만한
하나님의 자원을
받아 누리고 살아가는
깨어있는 그리스도인이 되게 하소서.
사람 사람을 살리고 깨우는
성숙된 그리스도인이 되게 하소서.
어찌하든지!

## 서로 대접하기를 원망 없이 하고

몹시도 마음을 심난하게 만드는 것은
양심을 담지 않고도 따라갈 수밖에 없는
오늘의 형식과 절차입니다.
예수님 안에서만 누릴 수 있다는
대자유라는 것이
수많은 그리스도인들에게서조차도
아주 특별한 소수의 몫으로
보일 뿐입니다.
결국
절대적으로 선하고 참이 되는
말씀이라도
혼돈과 부패로 얼룩진 현실로 인해
가슴이 저미도록 훼손되고 있음은
분명한 사실입니다.
참으로
의심과 불신과 불순종이 득세한
세상살이입니다.
그렇다고 할지라도
또다시 되찾아야 할 제목은

오랫동안 내려놓아 무감각해져버린
나의 신앙양심입니다.
겉이 아니라 내면을
정화시켜야 합니다.
치적보다 중심을
살려내야 합니다.
부패한 양심에
소금을 치고
어두운 양심에
빛을 비추어야 합니다.
이로써 살아나고 깨어나는 대로
즉시로 기쁘고 온전하게
그 교훈과 명령대로 살아가기를
선택하고 선택해야 합니다.
하여,
하나님의 생명과
하나님의 약속으로
충전되고 있는
나의 신앙양심은

마침내 나와 이웃을,
마침내 가정과 교회를,
마침내 환경과 시대를 살려내는
최선의 대안이 될 것입니다.
안과 밖이 일치를 이루고 있는
나의 신앙양심은
살아계신 하나님의 기쁨이 되고,
시대의 탈선 앞에 애통해 하는

또 다른 하나님의 사람들에게
큰 위로와 기쁨을 안겨다 줄 것입니다.
이처럼
담대한 그리스도인이 되게 하소서.
부활하신 예수님 안에서
진실로 대자유를 맛보고 누리는
깨어있는 그리스도인이 되게 하소서.
오늘도!

| 10 |

## 각각 은사를 받은 대로 하나님의 여러 가지 은혜를 맡은 선한 청지기 같이 서로 봉사하라

성령님의 일깨우심과 지도하심에
기쁨과 자원함으로 반응하는
깨어있는 그리스도인들의 연합은
하나님 나라의 진미를
반드시 맛보고 누리게 합니다.
다시 말해서
주인되신 예수님 앞에서
맑아지고 밝아진 신앙양심으로

그 교훈과 명령을
정직하게 받고 순종하는
성숙된 그리스도인들의 연합은
하나님 나라의 풍성함을
반드시 경험하고 증명하게 합니다.
하여,
오늘도 엎치락뒤치락 하고 있는
사람들도 아니요,

그토록 흉악하고 역겨운

세상도 아닌

변함이 없으신

살아계신 하나님과

변함이 없는

생명과 약속의 말씀으로부터

나의 마음과 시선이

절대로 이탈해서는 아니됨은

더욱 더욱 자명합니다.

오늘을 살게 하는 하나님의 은혜로

여전히 변화되고 있고,

영혼을 살리고 세우는 그말씀으로

여전히 변화되기를

적극적으로 선택하는

믿음의 사람이 되어야 함도

더욱 더욱 마땅합니다.

이로써

하나님의 성품과

하나님의 섭리와

하나님의 열매가 드러날 것입니다.

이로써

나와 가정이,

나와 교회가,

나와 일터가,

나와 시대가

살아 있는 소망으로 채워질 것입니다.

이로써

남은 생도 참으로 풍성해질 것입니다.

이런 그리스도인으로 살아가게 하소서.

이런 교회를 이루어가게 하소서.

진실로!

## | 11 |

만일 누가 말하려면 하나님의 말씀을 하는 것 같이 하고
누가 봉사하려면 하나님이 공급하시는 힘으로 하는 것 같이 하라
이는 범사에 예수 그리스도로 말미암아
하나님이 영광을 받으시게 하려 함이니
그에게 영광과 권능이 세세에 무궁하도록 있느니라 아멘

---

때를 따라
살펴보고 털어내지 않으면
실상은
하나님과 무관한 삶을
살아가기 마련입니다.
깊은 곳에 뿌리내린
갖가지 욕심으로
하나님의 이름을 빙자한
갖가지 일들이
백주에도 거리낌 없이
진행되기 마련입니다.
하여,
올라갈수록 내려가기를
선택해야 하고,
풍성해질수록 덜어내기를
선택해야 하며,

알아갈수록 정직해지기를
선택해야 합니다.
더 이상
나의 일이 아니라
하나님의 일이 되도록
조정하고 수정해야 합니다.
신앙의 연륜이 쌓일수록
더욱 맑고 밝은 삶으로
가릴 것 없이 드러나야 합니다.
남은 생도
어디로 가고 있는지를
그리고
무엇을 행하며 살아갈지를
충분히 예측할 수 있어야 합니다.
이즈음에도
문제의 핵심을

제대로 파악하게 하소서.
더불어
반드시 나를 살리고 이웃을 살리는
가장 적극적인 대안을
든든히 붙잡게 하소서.
주인의 자리로부터
자원해서 내려앉게 하소서.

주인되신 예수님 앞에
정직하게 엎드리게 하소서.
마침내
참으로 놀라운 하나님의 은혜가
일상을 통해 증거되게 하소서.
나의 일상을 통해!


| 12 |

### 사랑하는 자들아 너희를 연단하려고 오는 불 시험을
### 이상한 일 당하는 것 같이 이상히 여기지 말고

하나님의 편은
언제나 참이요
언제나 선이 된다는 사실을
기억해야 합니다.
그리스도인이라면,
그것도 성숙된 그리스도인이라면
옳고 바른 편에 더해서
생명이 되는 편인가를
반드시 고려해야 합니다.

이와 같은
바른 선택은,
다시 말해서
하나님 편이 되는 선택은
부패하고 어두운 세상의 저항을
반드시 지나치게 합니다.
거절과 무시와 핍박이라는
숱한 어려움을 만나게 합니다.
이처럼 한 시대를

하여, 그길을 그대로 1

바른 믿음으로 살아가려면
어려움이라는 장애물을
반드시 넘어가야만 합니다.
끝까지 하나님의 마음으로 살아내려면
끝까지 인내해야만 합니다.
이것에 더해서
나에게도 그리고 몸된 지체에게도
아무런 유익이 없는 원망을
절대적으로 잠재워야 합니다.
하여,
변하지 않는 약속의 말씀에
더욱 결박되게 하소서.

성령님의 인도하심을
기쁘게 따라가게 하소서.
아직도 남겨진 생애들에
하나님의 무한한 자원들로
풍성히 채우며 누리게 하소서.
오늘의 어려움 중에도
하나님의 편에,
하나님의 생명을 이루는 편에,
하나님이 보시기에
선이 되는 편에 서기를
주저하지 않게 하소서.
이처럼 고단한 시절에도!

| 13 |

### 오히려 너희가 그리스도의 고난에 참여하는 것으로 즐거워하라
### 이는 그의 영광을 나타내실 때에 너희로 즐거워하고 기뻐하게 하려 함이라

오늘의 발걸음이
어디를 향해 있는가는
전혀 다른 차원의
결론을 만들어냅니다.

하나님의 목적과 이유가
빠져버린 방향이라면
혹독한 수고와 땀에 대한
보상이라는 것이

공허함이요 두려움이요
그래서 후회할 수밖에 없는
지경에 이르게 된다는 사실을
늦지 않게 깨달아야 합니다.
아니 이미 깨달아 잘 알고 있다면
어긋나고 왜곡된 걸음걸음을
적극적으로 수정하여
참으로 풍미를 내고 충만하게 될
남은 여정을 향해
담대히 나아가야 합니다.
이와 같이
바른 신앙생활은
그저 쉽게 이루어지는 것이 아님을
깊이 명심해야 합니다.
주인의 이름으로 인해,
다시 말해서
예수님의 이름 때문에 당하는
불편하고 곤란한 형편을

부단히 감내해야 합니다.
나아가
이미 받은 구원으로
하나님의 놀라운 은혜와 사랑을
누리고 나누는 삶에는
절제와 결단의 선택이
매번 필요하다는 사실도
절대로 잊어서는 안 됩니다.
하여,
예수님을 주인으로 믿고 따라가는 삶이
더 이상 후회스럽지 않도록
오늘의 나를 철저히 부인하게 하소서.
안과 밖으로 섭리하시고 이끄시는
성령님과 친밀하게 소통하게 하소서.
때를 따라 안내하시는 믿음의 선택으로
남은 생도 그렇게 풍성하게 하소서.
그리스도인답게!

| 14 |

## 너희가 그리스도의 이름으로 치욕을 당하면 복 있는 자로다
## 영광의 영 곧 하나님의 영이 너희 위에 계심이라

바른 신앙으로
한 시대를 살아갔던
믿음의 선배들을 살펴보면
예수님으로 인해
고난을 당하지 않은 자는
한 사람도 없었다는 사실을
절대로 외면해서는 안 됩니다.
그렇다면
오늘 나의 신앙생활도
고난 가운데 있어야
마땅하다 하겠습니다.
나의 무능함과 부패함으로 인해
고난을 당하는 것이 아니라
주인되신 예수님을 따름으로
그리고
세상의 흐름과는 대치되는
그말씀에 순종함으로
오해와 무시와 핍박을 당하는 형편을
기꺼이

감내할 수 있어야 한다는 것입니다.
하여,
예수님을 주인으로 모신
변화된 신앙생활에는
감출 수 없는 증거들이
드러나기 마련입니다.
이 증거들이
또다시 삶의 거름이 되어
더욱 더욱 바른 믿음의 삶을
살아가게 합니다.
더 이상
유한하고 인색한
나의 자원이 아니라
영원하고 풍성한
하나님의 자원으로
채워지고 흘러넘치는
충만한 삶을
살아가게 합니다.
어느 덧

바른 신앙으로 단련된
믿음의 선배들이 되어가고,
변하지 않는
영원한 실상의 증인들로
살아가게 합니다.

이처럼 신실하게 하소서.
이처럼 담대하게 하소서.
이처럼 풍성하게 하소서.
그날까지!

| 15 |

## 너희 중에 누구든지 살인이나 도둑질이나 악행이나
## 남의 일을 간섭하는 자로 고난을 받지 말려니와

지금 나의 형편이
어떤 이유로
어려움을 겪고 있는가를
정직하게 묻고 답해야 합니다.
나의 악성과 악습이
만들어낸 필연인지
아니면
환경과 사람들이 뿜어내고 있는
부패함과 무능함의 악영향인지를
정확하게 분별하고 직면해야 합니다.
이를 위해

오늘 내가 어떤 사람으로
준비되고 살아가고 있는지는
대단히 중요합니다.
육체의 일만 생각하고
육체의 욕심을 따라 살아가는
형편없는 실패자가 되기를
단호히 거절해야 합니다.
나아가
하나님의 일을 깨닫고 기억하며
말씀과 성령님의 안내를 따라 살아가는
품격 있는 성공자가 되기를

열렬히 소망해야 합니다.
하여,
참으로 바쁘고 고단한 일상 중에도
정지하고 침묵하기를 훈련하게 하소서.
마음과 몸의 시선을
살아계신 하나님께 고정하고
흐트러진 이모저모를 정돈하게 하소서.
들려주시고 보여주시는
그 말씀으로

깨닫게 하시고 도전하시는
그 교훈과 명령으로
오늘의 어려움을 넘어서게 하소서.
그리고 또다시
흔들림 없는 발걸음으로
나아가게 하소서.
오늘의 이유와 목적이 선하다면!
분명히 하나님의 편이라면!


## | 16 |

## 만일 그리스도인으로 고난을 받으면
## 부끄러워하지 말고 도리어 그 이름으로 하나님께 영광을 돌리라

남은 삶의 모든 영역에
예수님은 주인이십니다.
결코 부인할 수도
부인해서도 안 되는
사실이라고 거듭 권고해도
나의 자원으로만
남은 삶을 꾸려가려하고,

나의 필요에 따라
주인께로부터
어느 정도의 도움만을
받겠다는 심사는
남은 삶을
더욱 공허하고 황폐하게 만드는
지름길입니다.

참으로 미련한
회복불능의 태도와 관행입니다.
주인되신 예수님은
언제나 나에게
가장 합당한 환경과 만남과 일감을
제공해 주신다는 사실을
든든히 붙잡아야 합니다.
혹여나
나의 무능함과 부패함으로
잠시 잠깐
정도(正道)와 정법(正法)을
벗어났다고 할지라도,
주인의 계획과 목적에 합한 삶으로
다시 돌이키고 나아가고자 할 때
여전히 최선의 것으로 채우시고
최선의 곳으로 인도하신다는 사실도
잊지 말아야 합니다.
이처럼
존재론적으로
예수님을 주인삼지 않는 세상 속에서
예수님을 주인삼고
예수님의 교훈과 명령을 따라

살아가려하니
과정 과정이 힘겹고
부담이 될 수밖에 없는 것 또한
사실이지만
예수님은 지금도 여전히
나의 주인으로 살아계시고
공급하시고 책임지시는 분이시기에
남은 삶에 대한 소망과 기대로
충전되는 것이 마땅하다 하겠습니다.
하여,
오늘을 삼키고야 말 것입니다.
악성과 악습을
넘어서고야 말 것입니다.
누가보아도
깨어있는 하나님의 사람으로
살아갈 것입니다.
이처럼
일상의 승리자가 되게 하소서.
마땅히 승리하게 하시는
예수님의 제자로 살아가게 하소서.
참으로
신실하고 충성된 그리스도인으로!

하나님의 집에서 심판을 시작할 때가 되었나니
만일 우리에게 먼저 하면
하나님의 복음을 순종하지 아니하는 자들의 그 마지막은 어떠하며

때마다 일마다
정직한 신앙생활로,
나의 기준이 아니라
하나님의 기준으로,
나의 의견이 아니라
하나님의 말씀으로
숱한 어려움을
담대하게 직면하고 있다면
'끝까지 인내하라' 명하십니다.
더불어
'끝까지 원망하지 말라' 명하십니다.
이를 위해
살아계신 나의 왕 나의 주인은
오늘의 나에게
가장 최선의 것을 허락하시는
참 좋으신 하나님이심을
끝까지 신뢰해야 합니다.
그리고

남이 아닌 내가 감당해야 할
영적, 정서적, 물리적인 책임감으로
최선의 삶을 살아가야 합니다.
결국
나의 무능함과 부패함을
철저히 인정하고 고백하기를
두려워하지 않는
맑고 밝은 그리스도인의 삶을 통해
하나님의 자원과
하나님의 역사와
하나님의 약속과
하나님의 함께하심이
더욱 현저하게 드러날 것입니다.
하여,
또다시
내가 머무는 자리를 돌아보고,
나의 언행심사를 수정하며,
나의 행할 바를 행하게 하소서.

또다시
작고 사소한 일에서부터
하나님의 마음으로 채우고
착하고 충성된 마음으로
행하게 하소서.
또다시
나에게 찾아오신

살아계신 하나님의
그 음성과 그 도전을
든든히 붙잡고 행하게 하소서.
믿음의 사람으로!
예수님의 제자로!
하나님의 자녀로!
참 그리스도인으로!

| 18 |

## 또 의인이 겨우 구원을 받으면 경건하지 아니한 자와 죄인은 어디에 서리요

창조주 하나님께로부터 멀어질수록
나만의 것이 쌓이고 쌓이는 법입니다.
결국
넘어서서는 안 될
경계선을 넘어서고
철저히 내가 주인이 된 상태를
고집하려 합니다.
이와 같은 형편은
남은 생의 비극을 초래하는
원인입니다.

그야말로
누추함과 공허함의 선봉입니다.
반면,
살아계신 하나님 앞에 엎드리기를
매순간 선택하고
부단히 일깨우시고 도전하시는
그 교훈과 명령 앞에 순종하기를
매순간 선택할수록
어느 덧 남은 생도
반드시

나의 한계를 넘어선
하나님의 성품과 하나님의 역사를
더욱 증명해내는 수준을
살아가고야 말 것입니다.
그야말로
존귀함과 풍성함의 길잡이입니다.
이처럼
멸망이냐 소망이냐는
오늘 나의 태도에 달려있습니다.
오늘 나의 행함에 달려있습니다.
다시 말해서,

하나님이 하나님이신지
아니면
내가 하나님인지에 달려있습니다.
하여,
교만의 길이라면 돌아서게 하소서.
피조물의 자리로 내려가게 하소서.
겸손의 길로 나아가게 하소서.
약속의 말씀을 따라 행하게 하소서.
하나님의 자녀답게 살아가게 하소서.
날마다!

| 19 |

그러므로 하나님의 뜻대로 고난을 받는 자들은
또한 선을 행하는 가운데에 그 영혼을 미쁘신 창조주께 의탁할지어다

오늘 나의 생각과 삶이
하나님을 의지하는 편이 아니라면
정도(正道)와 정법(正法)을
벗어나 있지는 않은지를
정직하게 점검해 보아야 합니다.

정말이지
이런 점검의 시간과 권고가
거추장스럽게 여겨진다면
교만의 덫에 걸려있음이 분명합니다.
살아계신 하나님의

지속적인 교훈과 명령이

오늘 나의 삶을 옥죄이는

장애물로 여겨진다면

결코 쉽게 돌아설 수 없는

위험수준에 이르렀음이 분명합니다.

동서고금 빈부귀천을 무론하고

사람이라는 존재가

어려운 시기를 넘어서고

불편함을 외면하게 되면

거의 예외 없이

자신의 경험과 판단과

업적과 자원들 위에 안주하려 합니다.

그만큼 자신을 더욱 의지하면서

참으로 낮은 마음과 태도는 사라지고

내용이 빠져버린

허물의 노예로 살아가기 마련입니다.

하여,

신앙의 경험이 더해질수록

생명과 약속의 말씀 앞에서

진지하게 반응하는

하나님의 편에 서게 하소서.

하나님을 배워가고 알아갈수록

나의 무능함과 부패함 앞에서

자기중심성을 부인하는

하나님의 편에 서게 하소서.

세상의 저항으로부터 자유로울수록

복잡하고 고단한 환경과 사람들 앞에서

단순하고 명쾌한

하나님의 편에 서게 하소서.

이로써

더욱 풍성하게 하소서.

더욱 아름답게 하소서.

남은 생애도!

# 제5부

# 근신하라
# 깨어라

## Be sober-minded;
## be watchful

(베드로전서 5장)

너희 중 장로들에게 권하노니 나는 함께 장로 된 자요
그리스도의 고난의 증인이요 나타날 영광에 참여할 자니라

머무는 자리가
높아져 있다면
겸손한 자가 되기를
더욱 소원해야 합니다.
맡겨진 자원이
넉넉해져 있다면
나누고 섬기는 자가 되기를
더욱 소원해야 합니다.
깨닫게 된 그말씀이
생생하게 울리고 있다면
행하며 살아가는 자가 되기를
더욱 소원해야 합니다.
이후로
세월이 더 지난다고 해도
퇴보하지 않고 변질되지 않는
맑고 밝은 하나님의 자녀가 되기를
더욱 소원해야 합니다.
하나님 앞에 서게 될 그날까지
지속적으로 성장하고 성숙되기를

더욱 소원해야 합니다.
참담하고 완악한 환경 속에서도
하나님의 성품을 경험하고 드러내기를
더욱 소원해야 합니다.
하여,
지난 시절을 돌아볼 때마다
감사와 기쁨과 소망이
차고 넘치게 될 것입니다.
세상 어디에서도
결코 얻어낼 수 없는 평안을
누리게 될 것입니다.
마침내
하나님의 마음과
하나님의 계획과
하나님의 목적과 일치되는
하나님의 자녀 된 삶을
살아가게 될 것입니다.
이즈음에도
하나님의 초청과 도전에

기쁘게 즉시로 온전하게
순종하게 하소서.
여전히 신실한

믿음의 청지기로
살아가게 하소서.

| 02 |

너희 중에 있는 하나님의 양 무리를 치되 억지로 하지 말고
하나님의 뜻을 따라 자원함으로 하며
더러운 이득을 위하여 하지 말고 기꺼이 하며

그리스도인으로의 부르심이
하나님의 섭리와 인도를 따라 이루어진
제1의 운명이라면,
목회자로의 구별됨이란
모든 그리스도인이 경험할 수 없는
제2의 운명입니다.
비록 연약하고 부족하지만
그 구별됨을 유지할 수 있도록
끝까지 책임지시는 분은
오늘도 살아계신 나의 아버지이십니다.
반면,
지난 역사를 통해 보게 되는

영적암흑기의 뚜렷한 징조는
목회자로서의 구별됨이
희미해지거나 사라진다는 사실입니다.
다시 말해서
더 이상 목양자로서의 삶이 아닌
설교자 혹은 경영자로만
살아가려고 한다는 사실입니다.
안과 밖이 일치되기 위해,
겉사람의 낡아짐 속에서도
속사람의 강건함을 위해,
옛사람의 악성과 악습에 맞선
새사람의 인격을 위해

어떤 그리스도인들보다도
수고하기를 자원하는
이와 같은 선택으로 기뻐하는
목양자로서의 삶이 아니라
또다시
세상의 소리, 사람들의 소리
그리고 자신의 소리를 쫓아
걸음걸음을 맞추어 나가려고 하는
미숙하고 왜곡된 분별력과 지도력으로
일관하려고 한다는 사실입니다.
참으로
낮아지기가 힘들고,
내려놓기가 힘들고,
포기하기가 힘들고,
돌아서기가 힘든
영적형편에 이르고야 만다는
사실입니다.

그럼에도 불구하고
소망의 하나님은
구별된 목양자를 통해
영적무지와 무감각이 깨어짐을
보게 하십니다.
여전히 처절하고 절박하지만
구별된 목양자가 살아 있음에
오늘도 내일도
수고하게 하십니다.
하여,
정직하고 신실한
목양자가 되게 하소서.
구별된 목회자답게 살아가게 하소서.
하나님 앞에서!
그리스도인 앞에서!
세상 앞에서!

## 맡은 자들에게 주장하는 자세를 하지 말고 양 무리의 본이 되라

오늘도
주인의 자리를 차지하고서
창조주 하나님 앞에 엎드리기를
거부하거나 지연하고 있다면
그 만큼 참 안식은
나에게서 멀어지는 것입니다.
무엇을 이루었다고 해도
결국 공허하고 두려운 법입니다.
반면에,
창조주 하나님 중심으로
삶의 방향을 전향해서
더욱 더욱
하나님의 마음 안으로 들어갈수록,
다시 말해서
하나님과의 친밀한 관계를
경험하고 누릴수록
나의 처절한 실상이
깊이 깨달아지는 것입니다.
하나님의 성품이 어떠한지,
하나님의 계획과 목적이 무엇인지,

나는 마땅히
어떤 사람이 되어야 하고,
나는 마땅히
어떤 삶을 살아가야 하는지를
깊이 인정하게 되는 것입니다.
하여,
먼저는
살아계신 하나님 앞에서
진실해야 합니다.
거룩하신 하나님 앞에 머물며
나의 처절함을 정화시키기를
멈추지 말아야 합니다.
또다시
하나님의 마음으로 발견되어진 나를
정직하게 대접해야 합니다.
그리고 마침내
환경과 사람들 앞에서도
신실한 자로 살아가야 합니다.
이와 같은 일상을 살아가는
모델신자가 되게 하소서.

하나님의 마음을
시원하게 해드리는
모델신자가 되게 하소서.
세상이라도,
환경이라도,

사람들이라도
도무지 넘어뜨릴 수 없는
모델신자가 되게 하소서.
참 기쁨과 감사함으로!
끝까지!

## | 04 |

### 그리하면 목자장이 나타나실 때에 시들지 아니하는 영광의 관을 얻으리라

반드시 다시 오실 예수님을
믿고 기다리는 부활신앙은
오늘의 형편과 처우에 따라
이미 변화된 신분을
쉽사리 왜곡시키지 않는 법입니다.
오히려
영원한 실상을 바라고
소망함으로 인해
불편한 오해와 대접을 받음에도
기뻐하기를
더불어 감사하기를
멈추지 않습니다.

반복적으로 강조해온 바,
오늘의 실재는
어제까지의 총합입니다.
이처럼
다시 오실 예수님 앞에 서게 될
내일의 실재를 기대하고 준비하는
부활신앙자는
일상의 선택을 달리하기 마련입니다.
하나님의 편에 서기를
자원하기 마련입니다.
영혼의 실력과 능력이
세워지기 마련입니다.

마침내
어려움 중에도
긍정과 소망의 신앙자로
살아가기 마련입니다.
하여,
생명과 약속의 말씀을
믿고 선택하며 행하는
부활신앙자가 되게 하소서.

부활예수를 남은 생의 주인으로
믿고 따르며 살아가는
부활신앙자가 되게 하소서.
하나님이 보시기에,
또한 사람이 보기에도
참으로 신실한
신앙자가 되게 하소서.
그날까지!

| 05 |

젊은 자들아 이와 같이 장로들에게 순종하고
다 서로 겸손으로 허리를 동이라
하나님은 교만한 자를 대적하시되 겸손한 자들에게는 은혜를 주시느니라

지금 내가 서 있는 위치를
헤아리지 못하고,
오늘 내가 머무는 자리를
분별하지 못하면
남겨진 생과
맡겨진 자원으로도
결국

자신의 이기적인 욕망을
채우기에 급급해 하는
형편이 되고야 마는 것입니다.
결국
불확실한 미래로
염려하고 두려워하는
형편이 되고야 마는 것입니다.

하여, 그말씀 그대로 1

결국
기대감이나 누림이 없는
비참한 일상으로
오늘도 쫓기고 짓눌리는
형편이 되고야 마는 것입니다.
하여,
더 늦기 전에,
지금 당장에라도
살아계신 하나님 앞에
겸손히 엎드려야 합니다.
이미 배웠고 알았던
그 교훈과 명령 앞에
남은 생의 주도권을
전폭적으로 내어드려야 합니다.
홀로서기를 근원적으로 거절하시는
하나님의 간섭하심과 지도하심 앞에
낮아지고 함께 하며 섬기기를
자원해야 합니다.
이로써
충만하게 채우시고

담대하게 세우시는
하나님의 손길을
경험하게 될 것입니다.
이로써
면면히 임하시고
잠잠히 이끄시는
하나님의 평안을
누리게 될 것입니다.
이로써
변함없이 흐르고
변질됨 없이 흘러가게 하시는
놀라운 하나님의 은혜를
증거하게 될 것입니다.
이와 같은
믿음의 사람이 되게 하소서.
참으로 멋있고 아름다운
하나님의 사람이 되게 하소서.
지금 서 있는 여기에서도!
오늘 머무는 이곳에서도!

| 06 |

# 그러므로 하나님의 능하신 손 아래에서 겸손하라
# 때가 되면 너희를 높이시리라

결국 겸손은
생명과 약속의 말씀을
따라 살아가는 것입니다.
결국 겸손한 삶은
나의 기호와 목적과 방향을,
심지어는 짧디 짧은
나의 주장을 수정하고
하나님의 거룩한 뜻과 계획에
남은 생을 맡기는 삶입니다.
이처럼
하나님 앞에서 겸손한 자가
살아가는 모습과 이유는
분명히 다릅니다.
그말씀 앞에서 겸손한 자가
선택하는 방향과 이유는
분명히 구별됩니다.
이처럼
영원한 실상을 향한

믿음과 안목이
깊어지고 넓어짐으로
오늘의 삶도
내일의 삶도
그렇게 흔들림 없이
정진하게 되는 것입니다.
살아계신 하나님이
끝까지 책임지시는 남은 생을
살아가게 되는 것입니다.
하여,
진실로
겸손한 자가 되게 하소서.
변질됨 없이
겸손한 삶을 살아가게 하소서.
이로써
하나님의 큰 기쁨이 되게 하소서.
이와 같이 불량한 시대에도!
날마다!

## 너희 염려를 다 주께 맡기라 이는 그가 너희를 돌보심이라

살아계신 하나님이
나의 아버지로,
부활하신 예수님이
나의 주인으로 믿어진
그리스도인의 삶은
전적으로 아버지의 주권과
주인의 보호하심 가운데
놓여있다는 사실을
매순간 기억해야 합니다.
더불어,
나의 남은 생을
든든히 책임지실 분은
창조주 하나님이시요,
나의 남은 생을 위한
가장 완벽한 안내는
생명과 약속의 말씀이라는 사실도
매순간 기억해야 합니다.
어둡고 부패한
환경과 사람들로부터의
끊임없는 거짓고소와 위협에도

결코 물러설 수도
결코 물러서서도 아니 되는 이유가
바로 여기에 있는 것입니다.
하여,
오늘도
갖가지 문제와 장애물 앞에서
하나님의 자녀답게,
변화된 새로운 피조물답게,
새사람의 인격에 걸맞게
반응하고 선택하며 행하기를
결단해야 하겠습니다.
아버지의 마음을
깊이 헤아리고
주인의 부르심과 도전에
기쁘게 즉시로 온전하게 순종하기를
결단해야 하겠습니다.
이로써
참으로 풍성한 삶이 되게 하소서.
참으로 맑고 밝은 삶이 되게 하소서.
참으로 안전한 삶이 되게 하소서.

오늘의 선택으로!                     믿음의 선택으로!

| 08 |

근신하라 깨어라

너희 대적 마귀가 우는 사자 같이 두루 다니며 삼킬 자를 찾나니

하나님과의
바른 관계에 들어서면,
더욱이
하나님과의
친밀한 관계를 누리고 있다면
하나님을 등진
세상의 형편이 어떠하고,
하나님의 자리를 차지한
사람들의 실상이 어떠한지를
어렵지 않게 인식하기 마련입니다.
그야말로 마귀의 편입니다.
이에 더하여
전적인 하나님의 은혜로
부활하신 예수님이

남은 생의 주인이라는 사실이
믿어진 그리스도인이라고 할지라도
때마다 일마다
주인이 누구인지를 망각하고
보여주시고 들려주시는
그 교훈과 그 명령을
없는 듯 잊은 듯
애써 외면하려 한다면
그야말로 백전백패입니다.
결국
살아계신 나의 하나님,
나의 주인 예수님이시라도
나의 형편이
그토록 처절해지기까지

침묵하실 수밖에 없음을
늦지 않게 깨달아야 합니다.
하여,
먼저는
살아계신 하나님 앞에서
진실해야 합니다.
안과 밖으로부터
부단히 요동치고 있는
반역과 저항 앞에서도
남은 생의 주도권을
주인되신 예수님께
온전히 내어드려야 합니다.
그리고
동행하시는 성령님을 의지하며
끝까지 인내해야 합니다.
참으로 힘들고 고단하여
더 이상 감당할 수 없다고 느껴질 때

또다시
하나님 앞에 엎드림으로
위로부터 부어지는
놀라운 힘과 지혜를
받고 채워야 합니다.
어느덧
승리하고 있음을
경험하게 될 것입니다.
어느덧
정복하며 다스리고 있음을
증명하게 될 것입니다.
이와 같은 믿음의 행보를
멈추지 않게 하소서.
참으로 맑고 밝은
하나님과의 친밀한 대화로
오늘도 충만하게 하소서.

| 09 |
너희는 믿음을 굳건하게 하여 그를 대적하라
이는 세상에 있는 너희 형제들도 동일한 고난을 당하는 줄을 앎이라

예수님의 교훈과 명령 그대로
날마다 나의 중심성을 부인하고
주인되신 예수님을 따라가는
믿음의 사람은
지금도 살아계신 하나님을
인식하며 살아갑니다.
그야말로
죽은 믿음이 아니라
살아 있는 믿음으로,
깨어있는 믿음으로,
실천하는 믿음으로 살아가기를
망설임 없이 선택합니다.
하나님을 알아왔던 지난 세월만큼
또한
하나님을 경험해왔던 풍성한 내용만큼
오늘의 삶도
보여지고 들려지는
그말씀 그대로 살아가기를
지극히 당연하게 여깁니다.
이처럼
부활생명으로 충만한
그리스도인의 삶은
가려지고 부패한 나의 안과 밖을
지속적으로 혹은 혁명적으로

변화시켜 나갑니다.
여전히
환경과 사람들로 인해 피동되는
미숙하고 무감각한 자가 아니라
넉넉함 중에도 비우기를
또다시 자원하고,
어느새 높아진 자아를
주인 앞에서 낮추기를
또다시 자원하며,
혹독한 고난과 불편함 중에도
정도(正道)와 정법(正法)을 따라 행하기를
또다시 자원합니다.
하여,
기뻐하지 않을 수 없고
감사하지 않을 수 없고
기도하지 않을 수 없는 것입니다.
이로써
새사람의 인격은
더욱 건강하게 세워지는 법입니다.
여전히 부패하고 어두운
세상 앞에서도
비굴하지 않고 비참하지 않는
영적강자로 살아가는 법입니다.
이후로도

예수님을 주인으로
믿고 따르는 삶이
너무나 명확하게 증명되는 법입니다.
이후로도
날로 날로 성장하기 마련입니다.
날로 날로 성숙되기 마련입니다.
날로 날로 승리하기 마련입니다.

이와 같이
멋있고 아름다운
그리스도인이 되게 하소서.
마침내
좋은 열매를 맺는
그리스도인이 되게 하소서.
오늘의 선택으로!

| 10 |

모든 은혜의 하나님 곧 그리스도 안에서 너희를 부르사
자기의 영원한 영광에 들어가게 하신 이가
잠깐 고난을 당한 너희를 친히 온전하게 하시며
굳건하게 하시며 강하게 하시며 터를 견고하게 하시리라

말씀하신
그대로입니다.
약속의 말씀
그대로입니다.
참으로 유한한 자원에만
목을 내어놓고 살아가고 있는
수많은 사람들을 향한

엄중한 경고의 말씀
그대로입니다.
더불어
변화된 존재로
신앙의 경륜만큼
지극히 수준 높은 삶을
마땅히 살아가야 할

그리스도인들을 향한
절절한 권고의 말씀
그대로입니다.
더 이상 소망이 없는
세상과 사람만을 의지하고
살아가서는 안 됩니다.
결국 사라지고 마는
그 무엇을 의지하고
살아가서도 안 됩니다.
다른 차원의 삶은 그야말로
어제나 오늘이나
영원토록 변하지 않는
살아계신 하나님을
의지하고 살아갈 때
경험되고 누려지는 법입니다.
수준 높은 삶은 그야말로
환경과 사람들의 처지를 뛰어넘는

생명과 약속의 말씀에
일상을 맡기고 순종할 때
이해되고 살아지는 법입니다.
하여,
오늘의 화려함에 취해서
혹은 오늘의 곤고함에 눌려서
보장된 남은 생을
경험하고 누리지 못하는
어리석음을 일깨워야 합니다.
남은 생을 반드시 책임지실
살아계신 하나님께
오늘의 일상을 맡기지 못하는
두려움을 넘어서야 합니다.
이후로는 진실로 변화되게 하소서.
이후로도 진실로 변함없게 하소서.
그날까지!

## 권능이 세세무궁하도록 그에게 있을지어다 아멘

지금도
살아계신 하나님의 절대주권을
철저히 인정하고
무지하고 무감각한
환경과 사람들 앞에서도
정직한 동기와 선택으로 일관하는
깨어있는 그리스도인으로 살아가기를
간절히 소원해야 합니다.

지금도
하나님의 무한용서와 크신 은혜를
오용하거나 남용하면서까지
나에게 맡겨진 자원과 임무를
모르는 듯 잊은 듯
그렇게 간과하고 무시해 온
참으로 미숙하고 안타까운
그리스도인의 자리로부터
과감하게 일어서기를
진지하게 자원해야 합니다.

지금도
하나님 중심으로,

생명과 약속의 말씀 중심으로,
예수님의 몸된 영적관계성 안으로,
다시 말해서
한 몸된 교회 중심으로 들어갈수록
나의 안과 밖의 실제가
정확하게 진단되고
수정될 수 있다는 안내와 권고를
의심 없이 받아들여야 합니다.

이처럼
그리스도인으로 변화된 존재의
삶의 방향과 내용은
동서고금 빈부귀천을 무론하고
크게 다르지 않습니다.

이처럼
나의 남은 생과 환경과 사람들을
살리고 세우는 지혜는
때마다 일마다
선명하게 다가옵니다.

하여,
먼저는

창조주 하나님 앞에서
내가 누구인지를
정직하게 고백하게 하소서.
오늘도
창조주 하나님이
무엇을 지시하시는지를

성실하게 보고 듣게 하소서.
더불어
기쁘게 즉시로 온전하게
순종하는 그리스도인으로
살아가게 하소서.
어떤 형편 중에도!

| 12 |

내가 신실한 형제로 아는 실루아노로 말미암아
너희에게 간단히 써서 권하고 이것이 하나님의 참된 은혜임을 증언하노니
너희는 이 은혜에 굳게 서라

부활하신 예수님이
살아계신 하나님이시라는
부인할 수 없는 사실 앞에
마침내 무릎을 꿇고
남은 생의 주인임을
때마다 일마다 고백하는
깨어있는 그리스도인이
반드시 기억해야 할
남겨진 과제는

고난의 문제입니다.
이것은
남은 생의 주인이 바뀜으로
반드시 경험할 수밖에 없는
공통의 과제입니다.
이것은
하나님의 은혜를
더욱 진지하게 증명하게 하고,
이후로도 더해질

하나님의 은혜를
더욱 진하게 경험하게 하는
아주 귀한 기회입니다.
하여,
오늘 나의 믿음이
죽은 믿음이 아니라
행하며 살아가고 있는
산 믿음이라는 사실이
남은 생을 통해
증거되어야 합니다.
나아가
오늘 나의 소망과 기대가
죽음을 넘어선
영원한 실상이라는 사실이
남은 생을 통해
누려져야 합니다.

이처럼
부활예수와 함께 하는 고난 앞에
하나님의 은혜로
또다시 채워지게 하소서.
산 믿음으로 함께 하는 고난 앞에
하나님의 능력을
또다시 경험하게 하소서.
구별된 선택과 함께 하는 고난 앞에
하나님의 지혜를
또다시 누리게 하소서.
이후로도 더욱
세상이 감당할 수도 없고
세상이 이해할 수도 없는
하나님의 자원으로
충만하게 하소서.
하나님의 참된 은혜로!

| 13 |

택하심을 함께 받은 바벨론에 있는 교회가 너희에게 문안하고
내 아들 마가도 그리하느니라

세상 속에서 살아가지만
전혀 다른 차원의 존재로
이미 변화되었고
지금도 변화되기를 선택하는
거듭난 그리스도인의 삶은
참으로 다르다는 사실을
실감하게 합니다.
결국
넓은 길이 아니라
좁은 길로 들어서고
나아가기를 자원합니다.
당장은 불편하고 어렵지만
여전히 살아계시고 함께 하시는
하나님을 의지하고,
이미 보여주셨고 들려주셨던
그리고 깨달아 품었던
그 교훈과 명령을 따라
살아가기를 자원합니다.
이렇듯 다른 삶을 살아갑니다.
다른 동기와 내용으로
불미한 환경과 사람들을
마주 대합니다.
지극히 제한적이고 무능한
나의 자원을 내려놓고

지속적으로 공급되는
하나님의 자원으로 살아가기를
간절히 소망합니다.
하여,
또다시 창조주 하나님 앞에
엎드리지 않을 수 없습니다.
친밀한 대화의 장으로
나아가지 않을 수 없습니다.
아버지의 마음을 받고 누리기를
기뻐하지 않을 수 없습니다.
마침내
이와 같은 일상이
얼마나 나를 살리고 있는가를
경험하지 않을 수 없습니다.
더불어
변화된 나의 인격이
얼마나 우리를 살리고 있는가를
실감하지 않을 수 없습니다.
이로써
참 좋으신 하나님이
증거되게 하소서.
부활예수의 주인되심이
증명되게 하소서.
기도의 사람이 되게 하소서.

말씀의 사람이 되게 하소서.　　　　진실로!
참 믿음의 사람이 되게 하소서.


## | 14 |
## 너희는 사랑의 입맞춤으로 서로 문안하라
## 그리스도 안에 있는 너희 모든 이에게 평강이 있을지어다

창조주 하나님과의 친밀한 대화를
지속적으로 만들고 누리지 않는 한
언제라도
염려와 불안과 두려움에
삼킴을 당할 수밖에 없는 지경이
신자의 일반입니다.
살아계신 하나님께
나의 현재와 미래를 맡기지 않는 한
어제의 화려함이나 풍성함조차도
남은 생을 후회하게 만드는
흉악한 이유가 되는 것이
신자의 일반입니다.
이처럼
그리스도인이라고 할지라도

지금 평안을 맛볼 수 없다면
신앙의 뿌리를 점검해 보아야 합니다.
받은 은혜와 사랑을 알고도
지금 기쁨과 감사를 토해낼 수 없다면
신앙의 기본으로 돌아가야 합니다.
다시 말해서
기도를
얼마나 진지하게 누리고 있는지를,
기도로
얼마나 하나님의 자원을
공급받고 있는지를,
기도하는 자리에
얼마나 구별되게 나아가고 있는지를
하나하나 살펴보아야 합니다.

이와 함께
말씀을
얼마나 진지하게 대하고 있는지를,
말씀으로
얼마나 새사람의 인격을
다듬고 있는지를,
말씀 앞에
얼마나 자원함으로 반응하고 있는지를
정직하게 자문해 보아야 합니다.
결국
신앙의 기본에 남은 생을 걸면
하나님의 열매는
저절로 맺히는 것이고,
더 이상 후회스럽지도 않고
더 이상 후회할 필요도 없는

오늘과 내일을 살아가게 되는 것은
자명한 사실입니다.
하여,
먼저는
무너진 나를 세우게 하소서.
무너져 가는 나를 바로 세우게 하소서.
세워진 나를 견고하게 하소서.
하나님의 생명으로 충만하게 하소서.
부어지는 기쁨과 감사와 평안이
차고 넘치게 하소서.
하나님의 나라를 위해!
주님의 몸된 교회를 위해!
참으로 안타까운
환경과 이웃을 위해!

**하나님**의 말씀을 독대하고 하나님의 마음 안으로 들어가기를 적극적으로 선택하는 믿음의 사람과 사람 사이에는 기쁨과 감사와 평안과 신뢰와 격려와 존중이 물 흐르듯 그렇게 유유히 흘러가는 법입니다.

바른 믿음은 마땅히 변화된 삶으로 이어져야 한다고 했습니다. 하나님의 성품을 알아갈수록, 하나님의 마음에 공감할수록, 하나님의 말씀대로 살아갈수록 남은 생의 안과 밖은 반드시 차원을 달리하기 마련이라고 했습니다.

흉내를 내는 것과 그저 살아지는 것이 전혀 다르듯이, 내가 믿으려 하는 것과 그저 믿어지는 것 또한 전혀 다른 차원입니다. 지극히 정상적인 신앙은 환경과 사람들의 불미함 중에도 하나님의 편에 서기를 선택하게 하고, 시대마다 장소마다 오해와 불편함과 심지어는 위협을 그대로 직면하게 합니다.

살아갈수록 그야말로 진미(眞味)와 진향(眞香)을 느끼게 하는 아름답고 풍성한 믿음의 사람이 되었으면 합니다. 나이를 더해감에 따라 생명과 약속의 말씀을 부지런히 익히고 순종하면서 하나님을 아는 지식, 예수님을 아는 지식, 성령님을 아는 지식이 더 깊이 뿌리내리고 더 넓게 뻗어나가는 신실한 사람이 되었으면 합니다. 이처럼 불미하고 불량한 시절 중에도 흔들리거나 변질되지 않고 지극히 정상적인 신앙의 여정을 여전히 걸어가고 있는 깨어있는 사람이 되었으면 합니다.

# 베드로후서

# 제6부

# 신성한 성품에
# 참여하는 자가
# 되게 하려

## May become partakers
## of the divine nature

(베드로후서 1장)

# | 01 |

예수 그리스도의 종이며 사도인 시몬 베드로는
우리 하나님과 구주 예수 그리스도의 의를 힘입어
동일하게 보배로운 믿음을 우리와 함께 받은 자들에게 편지하노니

먼저는
하나님의 말씀을
잘 들어야 합니다.
세상의 소리 혹은 나의 소리가 아니라
명확하게 보여지는 하나님의 음성에
귀 기울여야 합니다.
더 이상 저항할 수 없는
하나님의 절절한 마음을
정직하게 받아들여야 합니다.
이와 같이
하나님의 말씀을 독대하고
하나님의 마음 안으로 들어가기를
적극적으로 선택하는
믿음의 사람과 사람 사이에는
기쁨과 감사와 평안과
신뢰와 격려와 존중이
물 흐르듯 그렇게
유유히 흘러가는 법입니다.

그야말로
불만과 불평으로 뒤덮인
이 세상 앞에서도
하나님이 기뻐하시는
믿음의 동역자들이 됩니다.
불신과 불순종으로 얼룩진
이 시대 앞에서도
여전히 깨어있는
하나님의 자녀들이 됩니다.
무능함과 부패함으로 점철된
어떤 환경과 사람들 앞에서도
부어진 하나님의 마음과
믿어진 하나님의 말씀을 따라
일상을 살아가는
영적인 승리자들이 됩니다.
하여,
나와 우리가 하나되기를
간절히 소원해야 합니다.

나와 우리가 변화되기를
담대히 선택해야 합니다.
나와 우리가 낮아지기를
겸손히 고백해야 합니다.
이로써 살아계신 하나님의 역사는
거침없이 펼쳐지고,
이로써 생명과 약속의 말씀은
진리로 증명되며,

이로써 부활예수를 향한 나의 믿음은
더욱 확신있게 증거되고,
이로써 예수님의 몸된 영적관계성은
더욱 튼튼해 질 것입니다.
참으로
멋있고 아름답게 하소서.
안과 밖으로 강건하게 하소서.
날마다!

| 02 |

## 하나님과 우리 주 예수를 앎으로 은혜와 평강이 너희에게 더욱 많을지어다

영생은
살아계신 하나님과
부활하신 예수님을
아는 것이라 했습니다.
영생은
하나님의 성품과
하나님의 일하심을
함께 경험해 가는 것이라 했습니다.
이처럼 영생은

시간의 길이뿐만 아니라,
생명의 질적 내용을
포함하고 있습니다.
오늘도 여전히
영생을 제대로 살아가려면
창조주 하나님 앞에
일상의 주도권을
기꺼이 내어드려야 합니다.
부활예수가 주인임을

하허, 그날좀 그대로 1

매순간 기억하고
보여주시고 들려주시는
그 교훈과 명령을 따라
살아가기를 자원해야 합니다.
이처럼
영생을 살아가고 있는
그리스도인의 실제는
하나님께로부터 부어진 자원들을
숨길 수가 없는 법입니다.
옛사람의 악성과 악습을
이기고도 남는 성령의 열매를
받고 맛보며 누리기를 기뻐합니다.
그야말로
다른 차원의 삶을
살아가고 있음이 드러납니다.
더 이상
환경과 사람들로 인해
오늘의 귀한 생명을 죽이며 살아가는

그런 비참한 일상이 아니라
죽음 건너편의 영원한 실상이
눈앞에 있음을 알고 보면서
오히려 환경과 사람들을,
심지어는
옛사람의 악성과 악습까지도
정복하고 다스리는 믿음의 삶을
살아가고 있음이 드러납니다.
하여,
영생을 소유한 자답게
깊이 호흡하게 하소서.
영생을 살아가고 있음에
진심으로 기뻐하고 감사하게 하소서.
이로써
또 다른 생명을 살려내고
또 다른 생명을 일깨우게 하소서.
오늘 나의 일상으로도!

| 03 |

그의 신기한 능력으로 생명과 경건에 속한 모든 것을 우리에게 주셨으니
이는 자기의 영광과 덕으로써 우리를 부르신 이를 앎으로 말미암음이라

나의 힘과 노력만으로

남은 생을 살아가는 사람과

그리스도인과 함께 영원히 동행하시는

성령님의 힘과 능력으로

오늘을 살아가는 사람은

살아가는 모습을

달리하기 마련입니다.

정상적인 그리스도인은

지극히 제한적인

나의 경험과 이해를

신뢰하기보다는

가장 합당하고 온전한

하나님의 대안과 지도를 따라

살아가기 마련입니다.

언제나

최선의 답은

창조주 하나님께 있습니다.

이후로도

남은 생의 주인되신

예수님을 따르지 않는 한,

모든 수고와 땀의 결산은

공허함이요 후회함입니다.

다시 말해서

예수님의 교훈과 명령에

기꺼이 순종하는 한,

여전히 연약하고 부족한 중에도

감사와 기쁨을 누리게 하실 것입니다.

하여,

하나님이 어떤 분이신지,

하나님의 일하심이 무엇인지,

하나님의 마음이 어떠한지를

막힘없이 드러내는

구별된 그릇이 되게 하소서.

하나님의 능력의 손에

단단히 붙잡히고

귀하게 쓰임받는

깨끗한 그릇이 되게 하소서.

이처럼

깨어있는 그리스도인의 삶을

살아가게 하소서.

참으로 오래도록!

변함없이!

이로써 그 보배롭고 지극히 큰 약속을 우리에게 주사
이 약속으로 말미암아 너희가 정욕 때문에 세상에서 썩어질 것을 피하여
신성한 성품에 참여하는 자가 되게 하려 하셨느니라

행복자의 자격을
얻게 된 그리스도인이
불행자와 다를 바 없는 삶을
살아가려 한다면
참으로 비참한 자가
될 수밖에 없는 것입니다.
영원한 실상을
얻게 된 그리스도인이
유한한 세상의 자원으로만
살아가려 한다면
그야말로 어처구니없는 현재를
드러낼 수밖에 없는 것입니다.
그리스도인의 됨됨이와
그리스도인의 삶의 내용은
처음부터 끝까지
창조주 하나님의 말씀과 함께
세워지고 채워져야 합니다.
다시 말해서

부활하신 예수님을
일상의 주인으로 고백하는
바른 신앙 위에서만
건강하게 세워진다는 사실을
소홀히 여겨서는 안 됩니다.
하여,
신앙의 연수만큼
혹은 그 이상으로도
하나님의 뜻과 마음이 깨달아지고
하나님의 계획과 목적을 따라
살아가게 되는 것입니다.
더불어
안과 밖의 태도와 반응이
달라지게 되는 것입니다.
어느 덧
누가보아도 변화된 사람으로
살아가게 되는 것입니다.
이와 같이

내일의 약속을 믿고 아는 자답게
호흡하게 하소서.
믿고 확신한 바를 따라
살아가기를 주저하지 않는
충성된 그리스도인이 되게 하소서.
연약하고 부족한 나를 향한
하나님의 마음을
맑고 깨끗하게 드러내는

산 증인이 되게 하소서.
마침내
참 좋으신 나의 하나님이
살아계시고 역사하고 계심이
생생하게 증명되게 하소서.
부활예수가 나의 주인임이
막힘없이 증명되게 하소서.
이 시절에도!

| 05 |
## 그러므로 너희가 더욱 힘써 너희 믿음에 덕을, 덕에 지식을,

살아계신 하나님과
부활하신 예수님을 향한
바른 신앙생활은
이미 변화된 새사람의 인격을
점진적으로 혹은 혁명적으로
세워나갑니다.
하나님의 말씀과
말씀 속에서 운행하시는
성령님의 인도하심에 합한

오늘의 동기와 선택으로
속사람의 변화된 모습이
드러나게 합니다.
결국
그토록 부패했던 속내를
맑고 깨끗하게 정화시키고,
또다시 더해지는
하나님의 성품으로
이전과 다른 삶을

살아가게 합니다.
하여,
오늘도
바른 신앙생활로
마땅히 살아가고 누려야 합니다.
적어도
믿고 아는 만큼이라도
마땅히 살아가고 누려야 합니다.
어느새
이만큼 세월이 지났다고 해도
하나님과 나에 대한
정확한 이해만큼
오늘의 내면이 정리되고,

남은 생도
후회 없이 살아갈 수 있음을
여전히 기억해야 합니다.
이처럼
하나님의 마음으로 충만하게 하소서.
하나님의 자원으로 충만하게 하소서.
이로써
하나님의 통로가 되게 하소서.
하나님의 도구가 되게 하소서.
이후로는 새롭게!
이후로도 신실하게!
나의 남은 생으로!


## | 06 |
## 지식에 절제를, 절제에 인내를, 인내에 경건을,

바른 믿음은
마땅히 변화된 삶으로
이어져야 한다고 했습니다.
하나님의 성품을 알아갈수록,

하나님의 마음에 공감할수록,
하나님의 말씀대로 살아갈수록
남은 생의 안과 밖은
반드시 차원을 달리하기

마련이라고 했습니다.
그럼에도 불구하고
옛사람의 악성과 악습은
지금도 말씀하시는
하나님의 절절한 초청을
마치 남의 일인 듯
그저 바라만보거나 듣게만 하고
일상을 갈아엎는 수고와 땀을
흘리지 못하게 합니다.
어찌하면 좋겠습니까!
세월이 지나도
삶은 여전합니다.
아니,
더욱 굳어지고 낡아집니다.
한편,
살아계신 하나님의 은혜와 사랑은
언제라도
강하고 혹은 부드럽게 스며듭니다.
나의 정직하고 성실한 반응에
크고 확신 있게 화답해 줍니다.
이와 같이

바른 믿음과 합당한 삶이야말로
정도(正道)와 정법(正法)을 벗어난
어떤 일이라도 멈추게 하고,
어느 길이라도 돌이키게 하며,
불미한 환경이라도 참아내게 하고,
마침내
복된 자리로 나아가게 합니다.
하여,
그리스도인임이 자랑스럽고,
그리스도인임이 영광스럽고,
그리스도인임이 행복합니다.
이것이야말로
하나님 아버지의 기쁨입니다.
하나님 아버지의 열심입니다.
하나님 아버지의 열매입니다.
이처럼
좋은 나무가 되게 하소서.
하나님의 자원으로 풍성한
믿음의 삶을 살아가게 하소서.
이토록 불량한 시절에도!

## 경건에 형제 우애를, 형제 우애에 사랑을 더하라

이즈음에도 확신하건데,

출발선은 넘어섰으나

과정을 생략하거나 지연시키면

신앙성장은

여전히 답보상태요,

성숙된 신앙의 풍성한 경험은

언제나

남의 이야기로 여겨지는 것입니다.

살아계신 하나님이

나의 창조주이심이 믿어지고

부활예수가

남은 생의 주인으로 믿어진 이상,

남은 생을 통해

언젠가는 혹은 지속적으로

뿌리 깊은 악성과 악습을 갈아엎는

믿음의 시도를 해야 마땅합니다.

비록

안과 밖의 무능함과 부패함이

적나라하게 드러날지라도

또다시 일어서기를 선택하고

또다시 나아가기를 선택해야 합니다.

이처럼

살아 있는 믿음의 여정은

하나님의 은혜와 사랑을

여전히 고상한

감상의 제목이 아니라

하나님의 마음과 안목으로

오늘의 불미한 일상도

정복하고 다스리게 하는

능력이요 지혜임을

경험하게 합니다.

더불어

살아계신 하나님과 나의 관계를

더욱 친밀하게 안내하고,

함께 한 사람과 나의 관계를

더욱 믿음직하게 세워주며,

허락된 사물과 나의 관계를

더욱 투명하게 만들어줍니다.

하여,

믿음의 사람이 되고,

겸손한 사람이 되며,
사랑하는 사람이 됩니다.
결국
믿는 바대로 아는 바대로
살아가는 사람이 됩니다.

이와 같은 열매로
풍성하게 하소서.
후회 없는 오늘로
승리하게 하소서.
약속하신 말씀 그대로!


| 08 |

이런 것이 너희에게 있어 흡족한즉
너희로 우리 주 예수 그리스도를 알기에 게으르지 않고
열매 없는 자가 되지 않게 하려니와


멀찌감치 서 있었던
궁색한 자리를 털고
하나님 중심을 향해
한 걸음씩 발걸음을 더해갈수록
살아계신 하나님을
경험할 수밖에 없는 것입니다.
바쁘고 고단한 일상 중에도
생명과 약속의 말씀을 향해
마음과 삶을 내어드릴수록
이 세상 무엇으로도 누릴 수 없었던

내면의 풍성함과
남은 생을 위한 선명한 안내를
받을 수밖에 없는 것입니다.
정상적인 믿음,
바른 믿음,
성장하는 믿음,
성숙된 믿음은
오늘과 내일을
반드시 변화시킵니다.
그토록 거대하게 여겨졌던

불미한 환경과 사람들도
결국 창조주 하나님의
주권 아래 있음을
깨닫게 하고 실감하게 합니다.
나아가
또다시 무엇을 더하려하거나
무엇을 취하려하기보다
이미 받은 것으로도
충분히 누리게 하고,
또다시 분주한
마음과 발걸음으로 인해
이토록 소중한
시간과 자원의 의미를 지워버리기보다
부어지고 나누어질 하나님의 자원들을
더욱 기대하고 기다리게 합니다.

하여,
이후로도
창조주 하나님을 떠나서는
결국 후회하게 될 것은 분명합니다.
하나님 앞에서 호흡하고 있음을
인식하고 인정함으로써
오늘의 삶도
참 의미를 더해갈 것입니다.
부활하신 예수님이 나의 주인인 이상
오늘도 능히 감당하게 될 것입니다.
이로써
아름답고 풍성한 열매를 맺게 하소서.
마침내!
날마다!

| 09 |

## 이런 것이 없는 자는 맹인이라 멀리 보지 못하고
## 그의 옛 죄가 깨끗하게 된 것을 잊었느니라

오늘 내가 어떤 사람으로
살고 있는지를 인식하지 못하면
그만큼 안으로부터 차고 넘치는
자기중심성에 사로잡히기 마련입니다.
원하든 원하지 않든
감당해야 할 환경과 사람들 앞에서
어떤 마음과 태도로
일관하고 있는지를 살펴보지 않으면
다시 허락된 기회조차도
무의미하게 지나치기 마련입니다.
하여,
때마다 일마다
창조주 하나님 앞에서
그리고 주인되신 예수님 앞에서
나의 현재를 정확하게 이해하고
조정하며 살아가는 것이야말로
참으로 진지하고 진실한 인생이요,
남은 생도 그 풍성함을
확실하게 보장받는 인생임을
늘 기억해야 합니다.
지금 비록
어설프고 여린 신앙이라고 할지라도

제대로 그 과정을 밟고 지나면
반드시 성숙하게 된다는 사실을
늘 기억해야 합니다.
나아가
성숙된 신앙자로 살아가면서
그 무엇을 많이 하기보다는
어떤 사람으로
혹은 어떤 마음과 태도로
살아가느냐가 더욱 중요함을
실감하게 된다는 사실도
늘 기억해야 합니다.
이후로도
누가 무엇이라고 해도
남은 생의 방향과 이유는 분명합니다.
'창조주 하나님 앞에서'입니다.
'주인되신 예수님 앞에서'입니다.
이로써
더욱 새롭게 하소서.
더욱 강건하게 하소서.
더욱 풍성하게 하소서.
참 좋은 나무로!

| 10 |

그러므로 형제들아 더욱 힘써 너희 부르심과 택하심을 굳게 하라
너희가 이것을 행한즉 언제든지 실족하지 아니하리라

이후로도
더 이상 다른 것을
부러워할 이유가 없는
참으로 복된 삶을 살아가야 합니다.
오늘의 처지와 입장이
고단하고 불미하다고해서
또다시 다른 것으로
채워나가기를 선택하면
결국에는 돌이키기 힘든
남은 생이 되고야 만다는 사실에
특별한 주의를 기울여야 합니다.
이 만큼이라도 살려주시고
이 정도라도 세워주신
살아계신 하나님의 이끄심에
진실로 감사해야 합니다.
분명한 것은
오늘 또다시
생명과 약속의 말씀 그대로
그리고 성령님의 인도하심 그대로

살아가기를 선택하면
남은 생은
더욱 차원을 달리하게 될 것이라는
믿음이 생깁니다.
비록 미미하지만
지속적인 성장과 성숙을 향해
정직하게 나아가는 걸음걸음이
마침내 아름답고 풍성한 삶을
경험하고 누리게 할 것이라는
믿음도 생깁니다.
하여,
오늘과 내일의 일상이
하나님의 마음과 성품을
벗어나지 않게 하소서.
먼저 일하시고 이끄시는
성령님의 귀한 동역자가 되게 하소서.
환경과 사람들을
진하게 감동시키는
신실한 그리스도인이 되게 하소서.

어느 때에라도

정직하고 충성된

믿음의 사람이 되게 하소서.

이후로도!

## 이같이 하면 우리 주 곧 구주 예수 그리스도의 영원한 나라에 들어감을 넉넉히 너희에게 주시리라

살아계신 하나님의 절대주권은

여전히 모든 피조물 위에 임하지만

오늘 나의 수고와 땀만큼

경험하게 하시는 하나님의 역사를

간과해서는 안 됩니다.

살아계신 하나님의 나라는

유한한 이 세상 속에서도

실재하고 건재하지만

나의 순종과 희생이 없이는

도무지 경험하고 누릴 수 없다는 사실도

잊어서는 안 됩니다.

결국

하나님의 나라는

정도(正道)와 정법(正法)을 따라

인내하고 나아가는 자들에게

공평하게 열려있는 것입니다.

하늘 차원의 믿음과 삶은

지속적이거나 혹은 혁명적인

자기부인을 실천하는 자들만이

실감하게 되는 특별한 선물입니다.

하여,

이미 받은

하나님의 은혜와 사랑이

오늘 그리고 지금의 반응으로

더욱 부요해지고 견실해지게 하소서.

이미 약속된

하나님의 뜻과 마음이

여기 그리고 이곳에서의 반응으로

더욱 선명해지고 차고 넘치게 하소서.
하여,
존재론적으로 부패하고
존재론적으로 어두운
참으로 험악하고 고단한
이 세상살이 중에도
소금이 되고 빛이 되기를

기꺼이 자원하게 하소서.
이로써
살아계신 하나님의 나라를
진하게 누리게 하소서.
나의 순종과 인내로!
오늘도 내일도!


| 12 |

**그러므로 너희가 이것을 알고 이미 있는 진리에 서 있으나**
**내가 항상 너희에게 생각나게 하려 하노라**

---

정상적인 신앙생활의 핵심은
반복입니다.
생명과 약속의 말씀을 따라
신앙의 기본을
정직하고 성실하게 반복하면
반드시
성숙된 인격과 풍성한 삶이
눈앞에 보장되어 있습니다.
이와 같은 바른 신앙생활로

오늘도 성장하고 성숙하고 있는
깨어있는 그리스도인은
예수님의 몸된 교회와 함께 하고,
어느 덧
가려졌던 교회의 의미와 신비를
삶으로 경험하기 마련입니다.
결국
남은 생을 통해서도
머리되신 예수님의 수준을

경험하고 누리고 있음에
감격하고 감사하기 마련입니다.
그럼에도
정상적인 신앙생활을,
다시 말해서
지극히 기본적인 훈련을
너무나 하찮게 여기거나,
삶으로 체득될 때까지
훈련하기를 지속하지 않으면
약속된 열매라도
그 맛을 경험하지 못하는 것이요,
남은 생의 안과 밖도
더욱 낡아지고
더욱 무력해질 것이라는 교훈을
결단코 부인해서는 안 됩니다.
하여,
오늘도
그말씀을 통해

하나님의 마음을 바르게 알아가고,
살아계신 하나님과 바르게 대화하며,
이미 알고 믿는 바대로
그리고 또다시 깨닫게 된 바대로
자원함으로 선택하며 살아가기를
멈추지 말아야하겠습니다.
더불어
이미 허락된
예수님의 몸된 교회를 위해
이제까지 맡겨진 자원을
아낌없이 낭비하고 희생하며 섬기기를
주저하지 말아야하겠습니다.
이즈음에도
또다시 기억하게 하소서.
또다시 충성되게 하소서.
또다시 누리게 하소서.
살아계신 하나님 앞에서!
주인 되신 예수님 앞에서!

## | 13 |

### 내가 이 장막에 있을 동안에
### 너희를 일깨워 생각나게 함이 옳은 줄로 여기노니

이 시대에도
불이익과 불편함을 감수하면서까지
지속적으로 전수해야 할
의미와 가치를 발견하고
몸소 실천하는 누군가가
더욱 필요합니다.
이와 함께
비록 낯설고 어색하지만
중단하지 않고
훈련에 훈련을 거듭해 나가기를
자원하고 따라가는
신실한 누군가도
더욱 필요합니다.
정상적이고 바른 신앙은
기본을 반복함으로
세워지고 다져지는 법입니다.
바르게 기도하지 않으면서
어찌 성숙된 신앙을
경험할 수 있겠습니까!

생명과 약속의 말씀을
살아내지 않으면서
어찌 풍성한 남은 생을
기대할 수 있겠습니까!
예수님의 몸된 교회를,
다시 말해서
반드시 변화시키는 영적관계성을
무시하거나 소홀히 여기면서
어찌 주인되신 예수님의 마음을
헤아릴 수 있겠습니까!
하여,
더 이상 많은 것을
안다고 해서
혹은
더 이상 많은 것을
소유한다고 해서
오늘의 신앙이
고양되는 것이 아님을
일찌감치 깨달아야 합니다.

어제와는 차원을 달리할
오늘과 내일은
그야말로
신앙의 기본에
정직하고 성실하게 반응할 때
그저 누려지는 선물이자 보상임을
이즈음에 또다시
깊이 공감해야 합니다.

오늘 또다시
훈련하게 하소서.
오늘 또다시
경험하고 누리게 하소서.
신앙의 기본과 그 열매를!
그 누군가로부터!
혹은
그 누군가가 되어!

| 14 |

## 이는 우리 주 예수 그리스도께서 내게 지시하신 것 같이
## 나도 나의 장막을 벗어날 것이 임박한 줄을 앎이라

부활예수를
나의 주인으로 믿고 살아가는
일상의 경험과 그 횟수가 더해질수록
가장 소중한 것이 무엇인지를 깨달아
남은 생을 일깨우는
참으로 지혜로운 그리스도인이 되기를
간절히 소망해야 하겠습니다.
남은 생에 있어서

가장 중요한 것이 무엇인지도 깨달아
실제로 증거하고 증명하는
참으로 신실한 그리스도인이 되기를
열렬히 사모해야 하겠습니다.
이처럼 소중하고
그토록 중요한 실상을
나의 글로,
나의 입술로,

나의 삶으로
기록하며 살아가는
참으로 성숙된 그리스도인이 되기를
진지하게 결심해야 하겠습니다.
이후로도
숱한 핍박과 불편함 중에도
이미 지나왔던 길에 연해서
마땅히 가야할 길로 나아가는
참으로 충성된 그리스도인이 되기를
끝까지 선택해야 하겠습니다.
하여,
비록 지금도
미미하고 연약하지만
다가올 어느 날에는
놀랍게 세워지게 하시고

담대히 나아가게 하소서.
이미 돌이킨 믿음의 삶에
이런저런 이유들이
여전히 발목을 붙잡고 있지만
언제부터인가는
너무나 자유롭게 하시고
지극히 평화롭게 하소서.
더 이상 후회하지 않을
남은 생을 살아가게 하소서.
진실로 자족하고 감사하는
믿음의 삶을 살아가게 하소서.
우리가!
바로 내가!
오늘도!

| 15 |

내가 힘써 너희로 하여금 내가 떠난 후에라도
어느 때나 이런 것을 생각나게 하려 하노라

결국
사라질 것은 사라지고
남을 것은 남게 되는 것입니다.
아직도 남겨진 자원과 삶을
지혜롭게 관리하고
의미 있게 사용하며
살아가야 합니다.
이를 위해
현실의 여백과 상처를
어긋난 선택과 내용으로 채우려는
어리석은 시도를
중단해야 합니다.
때마다 일마다
내가 누구인지를
일깨워야 합니다.
모든 것을 알고 계시는
살아계신 하나님 앞에 엎드리기를
중단하지 말아야 합니다.
보여주시고 들려주시는
구체적인 권면과 도전을
나의 과제로 받고 실천하기를
마땅히 여겨야 합니다.
주인의 마음을

흡족하게 만들어주는
성실하고 충성된 종이 되기를
한시도 잊어서는 안 됩니다.
하여,
남은 생만큼은
더 이상 변질되지 않고
더 이상 퇴색되지 않게 하소서.
환경과 사람들을 뛰어넘는,
심지어
나의 무능함과 부패함을 뛰어넘는
창조주 하나님 안으로
깊이 들어가게 하소서.
생명과 약속의 말씀에
사로잡히게 하소서.
언제든지
강력하게 혹은 부드럽게
세우시고 이끄시는 성령님께
깊이 집중하며 따라가게 하소서.
이로써
아름답고 풍성한 열매가
차고 넘치게 하소서.
그야말로!

우리 주 예수 그리스도의 능력과 강림하심을 너희에게 알게 한 것이
교묘히 만든 이야기를 따른 것이 아니요
우리는 그의 크신 위엄을 친히 본 자라

---

기독신앙은,
다시 말해서
예수님을 주인으로 믿고 살아가는
그리스도인의 신앙은
십자가를 지나서 부활에 이르고,
또다시 오실 예수님을
간절히 기다리는 신앙입니다.
오늘의 신앙이
부활신앙으로 살아나지 않으면
또다시 오실 예수님을
간절히 맞이할 이유나 사모함도
살아나지 않는 법입니다.
예수님의 부활을 기억하면서
나의 부활을 생각하지 않으면
일상의 불편함이나 불이익을
그렇게 감내하면서
끝까지
예수님의 교훈과 명령에 따르고,

시대마다 비주류로 남겨진
믿음의 선배들의 자취를
그렇게 반복하고 반복하며
살아가야 할 이유나 사모함도
사라지는 법입니다.
하여,
언제 혹은 어디에서라도
넘어지지 않도록
깨어있어야 합니다.
행여 넘어지더라도
다시 일어설 수 있도록
믿음의 사람들과 함께 하기를
자원함으로 선택해야 합니다.
나의 신앙으로만 감내하기에는
여전히 역부족인
남은 신앙의 여정을
예수님의 몸된 영적관계성으로
든든히 세워나가야 합니다.

그리고 또다시
누군가의 신앙이
부활신앙으로
충만할 수 있도록
아낌없이 지원하고 섬기는
참 좋은 안내자가 되어야 합니다.
이로써

반드시 강건해 질 것입니다.
반드시 풍성해 질 것입니다.
반드시 넉넉해 질 것입니다.
아름답고 멋있는 믿음의 사람으로!
부활신앙으로 충만한 그리스도인으로!
지금도!
이후로도!

## | 17 |

지극히 큰 영광 중에서 이러한 소리가 그에게 나기를
이는 내 사랑하는 아들이요 내 기뻐하는 자라 하실 때에
그가 하나님 아버지께 존귀와 영광을 받으셨느니라

하나님을 사랑할수록
반드시 생명과 약속의 말씀을
따르기 마련입니다.
나아가
밝아진 신앙양심으로
동행하시는 성령님의 지도하심을
따르기 마련입니다.
이와 같이

하나님을 사랑하는
실제적인 삶을 통해서
하나님의 자녀됨이
이곳에서도 증명되는 것입니다.
심지어
불미한 환경과 사람들 속에서도
하나님의 성품을 드러내는
오늘의 태도와 처신을 통해서

살아계신 하나님의 이름이
더욱 높아지는 것입니다.
문제는
'창조주 하나님을
지금도 사랑하고 있는가'
하는 것입니다.
'나의 구원자요
나의 주인으로 오신 예수님을
지금도 따라가고 있는가'
하는 것입니다.
'함께 하시는 성령님께
남은 생을 맡기고
한 치의 오차가 없는 그 인도하심을
믿고 따라갈 것인가' 하는 것입니다.
지금 현재
나의 형편이 어떠하든지,
다시 말해서
풍부하든지 부족하든지,
건강하든지 병약하든지,

우월하든지 열등하든지
'이후로도
하나님의 자녀답게 살아갈 것인가'
하는 것입니다.
하여,
정직하게 묻고
답할 수 있어야 합니다.
그야말로
후회가 없는 남은 생이 되도록
믿음으로 일어서고
믿음으로 나아가게 하소서.
처음부터 끝까지
지키시고 인도하시는
참 좋으신 하나님의 편에서
깊이 호흡하게 하소서.
날마다
하나님의 기쁨으로
충만하게 하소서.

# 이 소리는 우리가 그와 함께 거룩한 산에 있을 때에
## 하늘로부터 난 것을 들은 것이라

참으로 사람의 형편은
변하기가 쉬운 법입니다.
먼저 된 사람이 나중 되는가하면,
나중 된 사람이 먼저 되는 형편은
결코 보기 드문 경우가 아님이
분명합니다.
이 정도면
이렇게 반응해야 하고
그 만큼이면
그렇게 실천해야 함에도 불구하고
여전히
주인 되기를
자처하고 고집하는가 하면,
어느 새
주인을 따라가며 직면하는
수고와 땀을 마다하지 않기도 합니다.
하여,
지속적인 성장과 성숙을 위해서는
반드시 함께 해야 할

환경과 사람들을
떠나서는 안 됩니다.
믿는 바대로 그리고 아는 바대로
살아가기 위해서는
영원한 자원들을
함께 공감하고 누리는
환경과 사람들로부터
이탈해서도 안 됩니다.
풍족하고 평안할수록
심지어는
바쁘고 고단할수록
부패하고 무능한 나의 안과 밖을
근원적으로 살리고 세우는
몸 된 교회에 붙어있기를,
다시 말해서
영적관계성 안으로 들어가기를
멈추지 않아야 합니다.
때마다 일마다
일깨우시고 지도하시며,

교훈하시고 권고하시며,
도전하시고 명령하시는
하나님의 음성에
기쁘게 즉시로 온전하게
순종해야 합니다.

이처럼
함께 함으로 강건하게 하소서.
함께 함으로 풍성하게 하소서.
함께 함으로 승리하게 하소서.
하나님 아버지의 바람 그대로!

| 19 |

또 우리에게는 더 확실한 예언이 있어
어두운 데를 비추는 등불과 같으니
날이 새어 샛별이 너희 마음에 떠오르기까지
너희가 이것을 주의하는 것이 옳으니라

남은 생의 안과 밖을
일깨우고 변화시킬 수 있는
가장 적극적이고 보장된 안내가
여기에 있습니다.
생명과 약속의 말씀을
끝까지 붙잡고
기억하기를 반복하는 것입니다.
더불어
이해가 충분히 되어서

실천하기도 하겠지만
부족한 이해 중에도
그말씀을 끝까지 믿고
끝까지 살아가기를 선택하면
반드시 안과 밖이
더욱 투명해지는 것입니다.
이로써
내가 믿고 있는 하나님은
지금도 살아계시고

세밀하게 역사하시는 분이심을
경험하게 되는 것입니다.
이로써
말씀 안에서 살아가는 남은 생이
더없이 보장된 인생임을
증거하게 되는 것입니다.
이로써
여전히 불미하고 불량한
환경과 사람들 속에서도
흔들림 없이 나아가기를
자원하고 선택하게 되는 것입니다.
하여,
너무나 귀중한 영적자산을

소홀히 여기고 무시하려는
우매함을 일깨우게 하소서.
내용도 열매도 없는
어긋난 신앙이 아니라
반드시 충만하게 되고,
반드시 열매 맺게 할
정도(正道)를 걸어가게 하소서.
하나님의 때까지
인내하며 충성되게 하소서.
마침내
경건의 진미(眞味)를
맛보고 누리게 하소서.
더욱 더욱!

## | 20 |
## 먼저 알 것은 성경의 모든 예언은 사사로이 풀 것이 아니니

오늘의 목적과 이유와 방향이
예수님이 아니면
누구든지 언제라도
어긋날 수가 있는 것입니다.

예수님보다도
더 중요하게 여기는
그 무엇이 있다면
가던 길이라도 중단하거나

다른 길로 들어설 수 있는 것입니다.

하여,

오늘도

내가 누구인지를

정확히 알아야 합니다.

오늘도

어떻게 살아가야 할지를

기억하고 걸맞게 선택해야 합니다.

오늘도

예수님을 나의 주인으로

고백하고 따라가야 합니다.

오늘도

이 모든 실천의 동기와 내용이

생명과 약속의 말씀 안에 담겨있고,

마땅히 행하고 살아갈 동력이

함께하시는 성령님께 있다는 사실을

한시도 잊어서는 안 됩니다.

오늘도

그렇게 막연하고

어렵게만 여겨졌던 그말씀이,

다시 말해서

나의 무지와 무감각으로

멀게만 느껴졌던 그 교훈과 명령이

참으로 귀하고 소중한

격려와 위로와

권고와 안내가 되고 있음을

더 늦지 않게

경험하고 누려가야 합니다.

이후로도

아름답고 멋있는

하나님의 사람이 되게 하소서.

이후로도

지혜롭고 깨어있는

믿음의 사람이 되게 하소서.

이후로도

말씀의 사람이 되게 하소서.

이후로도

순종의 사람이 되게 하소서.

변함없이!

예수님의 제자로!

참 그리스도인으로!

| 21 |

## 예언은 언제든지 사람의 뜻으로 낸 것이 아니요
## 오직 성령의 감동하심을 받은 사람들이 하나님께 받아 말한 것임이라

오늘도
살아계신 하나님의 일하심에
기쁘게 사용되는 그리스도인이 되기를
진심으로 소망해야합니다.
내 안으로부터 일어나고 있는
혁명적인 혹은 지속적인 변화는
남은 생의 전영역에 걸쳐서
활력을 불어넣고,
하나님의 편에서
선택하며 살아가는 모습으로
변화되게 합니다.
오늘도
부활하신 예수님을
나의 주인으로 알고
믿고 따르고 있는데,
어찌 안과 밖이
그렇게 일그러질 수가 있겠습니까!
오늘도
믿음의 선배들이 보여준

증언과 증거를 듣고
보고 기억하고 있는데,
어찌 환경과 사람들로 인해
그렇게 허덕일 수가 있겠습니까!
이처럼
믿음의 여정을,
다시 말해서
십자가와 부활의 복음으로
가득 채워진 믿음의 항해를
진행하고 있는 그리스도인은
갖가지 이유와 장애들 앞에서도
살아계신 하나님을
더욱 의지하고,
생명과 약속의 말씀에
더욱 순종하며,
함께 하시는 성령님을
더욱 따라가려 합니다.
결국 무너지고 말 세상살이를
오늘도 정복하고 다스리는

하여, 그말씀 그대로 1

믿음의 삶을
힘 있게 살아가려 합니다.
하여,
깨어있게 하소서.
구별된 자로 서게 하소서.

더불어
때마다 일마다 열려진
초청과 도전을 향해
담대히 나아가게 하소서.
오늘도!

# 제7부

# 거짓 선생들이
# 있으리라
## Will be false teachers

(베드로후서 2장)

## | 01 |

그러나 백성 가운데 또한 거짓 선지자들이 일어났었나니

이와 같이 너희 중에도 거짓 선생들이 있으리라

그들은 멸망하게 할 이단을 가만히 끌어들여

자기들을 사신 주를 부인하고 임박한 멸망을 스스로 취하는 자들이라

---

흉내를 내는 것과

그저 살아지는 것이

전혀 다르듯이

내가 믿으려 하는 것과

그저 믿어지는 것 또한

전혀 다른 차원입니다.

믿음의 대상인

살아계신 하나님과

부활하신 예수님과

생명과 약속의 말씀과

함께 하시는 성령님을

'얼마나 어떻게 신뢰하느냐'에 따라

오늘의 반응과 선택은

달라지기 마련입니다.

이처럼

지극히 정상적인 신앙은

환경과 사람들의 불미함 중에도

하나님의 편에 서기를 선택하게 하고,

시대마다 장소마다

오해와 불편함과

심지어는 위협을

그대로 직면하게 합니다.

반면,

어긋나고 왜곡된 신앙은

결론적으로

하나님의 마음과 뜻으로부터

벗어나기를 선택하게 하고,

결론적으로

자기를 부인하지도

희생하지도 않은 채

여전히 불미한 안과 밖을 채우려고

그토록 허덕이게 합니다.

하여,

오늘도

'어떻게 믿고 있느냐'가
대단히 중요합니다.
아니
'어떻게 믿어지느냐'가
대단히 중요합니다.
남은 생 내내
참 좋으신 나의 하나님이 믿어지고

참 좋으신 나의 주인이 믿어지는
정직한 그리스도인이 되게 하소서.
더불어 반드시
그 교훈과 명령대로 살아가는
충성된 그리스도인이 되게 하소서.
참으로 신실하게!

| 02 |

여럿이 그들의 호색하는 것을 따르리니
이로 말미암아 진리의 도가 비방을 받을 것이요

하나님 중심을 떠난
자기 생각과
자기 수단과
자기 방향을
적극적으로 또한 지속적으로
수정하지 않으면
살아계신 하나님의 역사과 이끄심을
들어도 보아도
심지어는

삶으로 경험한다고 해도
영적으로 성장할 수 없고
성숙할 수 없는 것이
정한 이치입니다.
때마다 일마다
생명과 약속의 말씀으로
영적인 안목과 분별력이
다듬어지고 세워지지 않으면
이러저러한 자원들을

가져도 알아도
심지어는
누군가로부터 건네진다고 해도
남은 생은 결국
낡아짐에 낡아짐이 더해지고
무능함에 무능함이 더해지는 것이
정한 이치입니다.
이즈음에도
더욱 더욱 확신하건데,
풍성한 삶의 비결은
매순간
피조물의 자리로
정직하게 내려가는 것입니다.
더 이상 나의 우매함을
고집하지 않는 것입니다.
때를 따라 맡겨주신

환경과 만남과 자원들을
감사함으로 받고 누리는 것입니다.
그리고 반드시
창조주 하나님의
깊은 계획과 절절한 마음을
투명하게 나누어 주는 것입니다.
하여,
하나님의 마음 그대로
그말씀 그대로
선택하고 살아가게 하소서.
수고하고 땀 흘리기를
자원하게 하소서.
하나님의 자녀답게
진실로 기뻐하고 감사하게 하소서.
환경과 사람들의 저항 중에도!

| 03 |

그들이 탐심으로써 지어낸 말을 가지고 너희로 이득을 삼으니
그들의 심판은 옛적부터 지체하지 아니하며
그들의 멸망은 잠들지 아니하느니라

망할 수밖에 없는 생을

고집하며 살아가는

무지무각한 자들을

살려내는 비결은

지극히 단순합니다.

어긋난 길로 들어선

어리석은 자들을 일깨우고

또다시 하나님의 품으로

안내하는 해법은

너무나 명쾌합니다.

그 비결과 그 해법은

창조주 하나님 안으로

깊이 들어가는 것입니다.

부활하신 예수님 안으로

깊이 들어가는 것입니다.

생명과 약속의 말씀 안으로

깊이 들어가는 것입니다.

본질과 비본질을

분별하는 것입니다.

실상과 허상을

분별하는 것입니다.

진실과 거짓을

분별하는 것입니다.

그리고

본질과 실상과 진실 그대로

살아가는 것입니다.

이는

나의 변화가

최우선임을 의미합니다.

시대와 환경과 사람들 앞에 선

나의 신앙양심이

밝아져야 한다는 의미입니다.

이처럼

나의 변화는

반드시

살릴 자를 살리고

깨울 자를 깨우게 되는 것입니다.

하여,

정직한 자가 되게 하소서.

겸손한 자가 되게 하소서.

구별된 자가 되게 하소서.

승리하는 자가 되게 하소서.

살아계신 하나님 앞에서!

그말씀 앞에서!

오늘도 내일도!

# | 04 |

## 하나님이 범죄한 천사들을 용서하지 아니하시고
## 지옥에 던져 어두운 구덩이에 두어 심판 때까지 지키게 하셨으며

불순종함으로 감수해야 할 대가는
순종함으로 직면하게 될
불편함과 불이익보다도
훨씬 더 가혹한 법입니다.
오늘도 내일도
모든 언행심사에 대해
하나님의 심판이 있음을
결단코 잊지 말아야 합니다.
더불어
때로는 엄중하게,
때로는 인자하게
권고하시고 도전하시는
살아계신 하나님의 말씀에
언제든지 혹은 어떤 환경 중에도
기쁘게 즉시로 온전하게
순종할 수 있는
깨어있는 그리스도인으로
살아가야 합니다.
더불어

그와 같은 그리스도인이 되기를
마음 깊은 곳으로부터 소원하고
부단히 훈련해야 합니다.
하여,
더 이상 누구를 위해서가 아니라
잃어버린 나를 위해서
그리고 잊어버린 나를 위해서
어긋난 중심을 돌이키게 하소서.
또다시 찾아온 소중한 기회를
덧없이 흘려보내는 어리석음을
반복하지 않게 하소서.
이후로도
더욱 정직하게,
더욱 간절하게,
더욱 신실하게
선택하고 행하며 살아가게 하소서.
그리스도인답게!
구별된 사람답게!
누가 무엇이라고 해도!

옛 세상을 용서하지 아니하시고
오직 의를 전파하는 노아와 그 일곱 식구를 보존하시고
경건하지 아니한 자들의 세상에 홍수를 내리셨으며

부활하신 예수님이
하나님이심이 믿어지고,
다시 오실 예수님이
나의 주인이시라는 고백이
나의 전인격으로 토해질 때
하나님의 자녀가 되고
예수님의 제자가 된다는 사실은
무능하고 부패한 사람으로부터
고안된 억지가 아닌
살아계시고 거룩하신 하나님의
변함없는 약속입니다.
이 약속 안으로 들어간
믿음의 사람들이
남은 생을 통해 경험하게 되는
가장 큰 보상은
하나님을
더욱 잘 알고,
하나님의 마음을

더욱 잘 헤아리며,
하나님의 성품에 합당한
믿음의 삶을 살아가는 것임이
더욱 더욱 깨달아집니다.
신앙의 연수가 더해지면서
환경보다도,
사람보다도,
물질보다도
하나님과의 친밀함이
더욱 간절히 필요하고
더욱 소망이 되는 삶이야말로
참으로 복되고 복된 삶이라는 진실이
더욱 더욱 선명하게 다가옵니다.
하여,
세상의 흉흉함과 불량함 중에도
더욱 맑고 밝은 안과 밖이 되도록
수고와 땀을
멈추지 말아야 하겠습니다.

하여, 그윽함 그대로 1

이후로도
정직함과 겸손함으로
하나님을 위해
그리고 예수님의 몸된 교회를 위해
나의 안과 밖을
낮추고 비워내는 섬김의 삶을
적극적으로 살아가야 하겠습니다.
또다시
하나님의 보상과
참으로 복된 삶이
펼쳐질 것입니다.
또다시
변함없는 약속과 진실을

경험하고 누리게 될 것입니다.
또다시
하나님의 자녀요
예수님의 제자임이
증명될 것입니다.
또다시
부활하신 예수님이
증거될 것입니다.
여전히 부족하고 연약한
나를 통해서도!
나와 함께 한
예수님의 몸된 교회를 통해서도!
진하게 그리고 든든하게!

| 06 |

## 소돔과 고모라 성을 멸망하기로 정하여 재가 되게 하사 후세에 경건하지 아니할 자들에게 본을 삼으셨으며

하나님 중심을 떠나 있는데
어찌 경건한 삶을
경험할 수 있겠습니까!

말씀에 불순종하고 있는데
어찌 경건한 삶이
유지될 수 있겠습니까!

주님의 몸된 교회가

무슨 의미인지도 모르고,

설령 그 의미를 안다고 해도

몸소 경험하고 누리기를

거부하고 유보하고 있는데

어찌 경건한 삶을

훈련할 수 있겠습니까!

결국

자기 소견에 옳은 대로

선택하고 행하고 있는

어리석은 사람의 삶이라는 것이

그렇게 후패하고,

그렇게 구차하고,

그렇게

불미스러울 수밖에 없는 것입니다.

반면,

지금은 어설프고,

지금은 연약하고,

지금은 고단할지라도

살아계신 하나님만이 알고 계시는

수고와 땀의 분량이 채워지면

반드시 강건하고

반드시 풍성한 오늘을

살아가게 될 것이라는 기대감이

날마다 더해집니다.

하여,

경건한 삶을

살아가기 위해

먼저는

경건한 사람이 되어야

마땅합니다.

경건한 삶으로

남은 생의 진미를

경험하고 누리기 위해

이후로도

경건한 사람으로 살아가야

마땅합니다.

더 이상

지극히 유한하고 무능한

나의 자원에 취할 것이 아니라

완전하고 안전한

하나님의 마음 안으로 들어가야

마땅합니다.

더 이상

어긋난 방향과 이유에 묶여

허덕이는 인생이 아니라

변함이 없고 분명한

하나님의 계획 속으로 들어가야

마땅합니다.
참으로 믿음직한
그리스도인이 되게 하소서.
하나님 중심의 사람이 되게 하소서.
말씀 중심의 사람이 되게 하소서.

교회 중심의 사람이 되게 하소서.
참으로 경건한
그리스도인이 되게 하소서.
남은 생을 다해!

## | 07 |
### 무법한 자들의 음란한 행실로 말미암아
### 고통 당하는 의로운 롯을 건지셨으니

살아나고 회복될 기회가
또다시 찾아왔습니다.
오늘 한 날은
어제까지의 무능함과 부패함을
맑고 밝게 정화시키고
무너져가는 나를 일으켜 세우는,
다시 말해서
옛사람의 악성과 악습으로부터
멀리 떨어져 나가는
절대절명의 기회라는 자각이
샘솟듯 일어나야 하겠습니다.

오늘 한 날 이후로는
그토록 불량하고 역겨운
세태와 풍조에 취해가며
묵은 것을 고집할 것이 아니라
나를 향한 그리고 나를 위한
창조주 하나님의 은혜와 사랑 안으로
깊이 들어가기를 선택하며
적극적으로 나아가야 하겠습니다.
하여,
오늘 한 날로 인해
남은 생이

참으로 복된,
그래서
참으로 풍성한
한 날 한 날로 채워질 것을
마음껏 기대할 수 있어야 하겠습니다.
비록 겉사람의 낡아짐 중에도
그 은혜와 사랑으로 충만한
참으로 강건한 새사람으로
살아가야 하겠습니다.
이처럼

살아나게 하소서.
깨어나게 하소서.
채워지게 하소서.
충만하게 하소서.
또다시
살려내게 하소서.
깨우게 하소서.
오늘 한 날에도!
변화된 나를 통해!

| 08 |

**(이는 이 의인이 그들 중에 거하여 날마다 저 불법한 행실을 보고 들음으로**
**그 의로운 심령이 상함이라)**

하늘차원의 삶을
이곳에서도 살아갈 수 있는
마땅한 자격을 얻고도
유한한 자원만을
여전히 생각하고 추구하면
영원함에 대한 감각과 이해가

세워지지 않는 법입니다.
참으로 무능하고 부패한 나를
하나님의 자원으로
날마다 덮지 않으면,
다시 말해서
생명과 약속의 말씀으로

나의 중심성을 씻어내기를 유보하고
성령님의 지도하심과 인도하심에
기쁘게 반응하기를 거부하면
전적인 은혜로 얻게 된
자녀된 권세라고 할지라도
일상을 통해 제대로
발휘되지 않는 법입니다.
하여,
또다시
환경과 사람들로 인해 피동되는
삶이 되지 않기를
간절히 소원해야 합니다.
지금도 면면히 흐르고 있는
살아계신 하나님의
절절한 마음을 알아가고,
아는 대로 그리고 믿는 대로
흔들림 없이 살아가기를
적극적으로 선택해야 합니다.

아직도 못다 경험했고
여전히 못다 누려왔던
하늘차원의 삶을
남은 생을 통해
마땅히 경험하고 누려가야 합니다.
이로써
나의 안과 밖이
하나님의 자녀답게 변해가고,
여전히 곤고하고 불량한
환경과 사람들의 안과 밖을 정화시키는
믿음의 사람이 될 것이
분명합니다.
이와 같은
일상을 살아가게 하소서.
이와 같은
남은 생을 살아가게 하소서.
또박또박!

| 09 |

주께서 경건한 자는 시험에서 건지실 줄 아시고
불의한 자는 형벌 아래에 두어 심판 날까지 지키시며

하나님 중심을 떠난
홀로서기는
결국 남은 생을
공허하게 만들고
후회하게 만드는 법입니다.
늘 강조해온 바,
'지금 그리고 앞으로
무엇을 하고 살아가느냐' 보다도
'지금 그리고 앞으로
어떤 사람으로 살아가느냐'가
더욱 중요하고
의미를 남기게 되는 것입니다.
때마다 일마다
하나님의 사람답게,
믿음의 사람답게,
그리스도인답게
생각하며 선택하고 행하면
살아계신 하나님께서
마땅히 상 주신다는
변함없는 약속을
조금도 의심하지 말아야 합니다.
행함이 있는 믿음으로
그말씀이 체득될수록,
그로 인해

영적인 안목과 실력이 세워질수록
환경과 사람들의 이모저모가
더욱 깊고 넓게 분별되고,
이런 저런 문제들 앞에서
후회 없이 그리고 명쾌하게
대응하게 된다는 사실도
조금도 의심하지 말아야 합니다.
그렇다고 해도
오늘의 동기와 이유와 방향을
부단히 점검하고 조정하지 않으면
세워진 안목이나 실력도
넘어지기가 한 순간이고,
왜곡되고 변질되기 또한
한 순간인 것입니다.
하여,
참으로 불안정한 이 시절에도
있어야 할 자리를 지키고,
가야 할 자리로 나아가며,
선택해야 할 바를 취하는
깨어있는 그리스도인이 되게 하소서.
참으로 불확실한 이 시절에도
하나님의 약속을 경험하고 누리는
깨어있는 그리스도인이 되게 하소서.
끝까지!

특별히 육체를 따라 더러운 정욕 가운데서 행하며
주관하는 이를 멸시하는 자들에게는 형벌할 줄 아시느니라
이들은 당돌하고 자긍하며 떨지 않고 영광 있는 자들을 비방하거니와

동서고금,
빈부귀천,
학식유무를 떠나
너나 할 것 없이
생명과 약속의 말씀 앞에서
그리고 성령님의 정확한
지도하심과 인도하심 앞에서
불순종하기를 선택하면
어느 시점부터부터는
내가 불순종하는 것이 아니라
불순종할 수밖에 없는 형편 안으로
들어가게 되는 것입니다.
이는
불순종의 주도권이
더 이상 나에게 있지 않고,
존재론적으로
창조주 하나님을 대적하고 있는
마귀의 통제 안으로

들어가게 된다는 말입니다.
따라서
때마다 일마다
어긋난 길에 서 있음이
전해지고 깨달아질 때면
지체 없이
하던 일도 가던 길도 멈추고
돌이켜야 하는 것입니다.
지금 머물고 있는 자리가 아님이
전해지고 깨달아질 때면
미련 없이
자리를 털고 일어서서
생명과 소망이 보장된 자리로
옮겨가야 하는 것입니다.
결국
믿음의 사람은
말씀의 사람이요,
순종의 사람이요,

성령충만한 사람이라는 사실을
언제 어디서나 기억해야 합니다.
더불어
어떤 형편 앞에서도
믿음의 사람으로 살아가기를,
순종의 사람으로 살아가기를,
성령충만한 사람으로 살아가기를
훈련하고 훈련해야 합니다.
또다시
피치 못할 이유나 형편이 찾아올지라도

환경보다도 사람들보다도
사건보다도 더 크신
살아계신 하나님께 엎드리기를
선택하고 선택해야 합니다.
이로써
깨어나게 하소서.
이처럼
깨어있게 하소서.
날마다!

| 11 |

## 더 큰 힘과 능력을 가진 천사들도
## 주 앞에서 그들을 거슬러 비방하는 고발을 하지 아니하느니라

하나님 자녀로서의 품격은
시대와 환경과 사람과 사건 앞에서
하나님의 마음을 잃지 않고 살아갈 때
자연스럽게 드러나고 빛이 나는
법입니다.
그럼에도 불구하고

그렇게 궁색하고 그토록 구차한
메마르고 공허한 일상을
오늘도 살아갈 수밖에 없는 형편이
사람 사람의 문제입니다.
하나님의 마음으로 충만한
믿음의 사람이 되기를

하여, 그침을 그대로 1

유보하고 있는 형편이
사람 사람의 문제입니다.
때마다 일마다 반복적으로
권고하시고 도전하시는 하나님이
나의 주인이 되시기를
간절히 소원하지 않는 형편이
사람 사람의 문제입니다.
살아나고 깨어날 기회가
또다시 찾아왔지만
너무나도 익숙하고
그래서 깊이 빠져버린
악성과 악습에 종노릇하기가
오히려 문제없을 것이라고
애써 믿으려고 하는 형편이
사람 사람의 문제입니다.
어떠하든
그 해법은
너무나도 명쾌하고 단순합니다.
무능하고 부패한 나의 중심성을

적극적으로 부인하는 것입니다.
높아진 것을 낮추고,
움켜쥔 것을 풀어헤치며,
가려진 것을 벗겨내는 것입니다.
마침내
하나님의 자녀다운
멋있고 아름답고 품격의 삶을
경험하고 나누는 것입니다.
하여,
살아나고 깨어날 변화를
지금 선택하게 하소서.
예수공동체 안으로
자원함으로
지금 들어가게 하소서.
예수공동체 안에서만 보장되는
놀라운 자유를
지금 누리게 하소서.
예수공동체와 함께!
이후로도!

| **12** |

그러나 이 사람들은 본래 잡혀 죽기 위하여 난 이성 없는 짐승 같아서
그 알지 못하는 것을 비방하고 그들의 멸망 가운데서 멸망을 당하며

사람들이 품어내고 있는
악성과 악습의 영향력은
멈출 기미가 없고,
악한 영향력을 감당할 수 있는
영력과 체력은
언제나 동일하지 않기에
날마다 결핍이 감지될 때마다
살아계신 하나님께 집중하기를
반복적으로 이어가야 합니다.
더불어
살아계신 하나님이
개입해 주시고,
무너뜨릴 것은 무너뜨리시고,
세울 것은 세우시도록
직접적으로 구하고 맡기기를
반복적으로 이어가야 합니다.
결국
환경과 사람들로 인해
피동되는 삶이 아니라

환경과 사람들을 뛰어넘어
섭리하시고 역사하시는
살아계신 하나님을 따라가는
삶이 되기를
간절히 소원하며
그렇게 선택하기를
반복적으로 이어가야 합니다.
이처럼
성장하고 성숙하는 신앙은
반복된 훈련으로
이루어지는 것입니다.
하여,
생명과 약속의 말씀에
오늘을 맡기는 삶을 반복하게 하소서.
지도하시고 인도하시는 성령님께
오늘을 내어드리는 삶을
반복하게 하소서.
어느새
맑고 밝은 그리스도인으로

변화되게 하소서.
정결하고 순전한 그리스도인으로
살아가게 하소서.

흔들림 없는 신앙으로!
세워진 신앙인격으로!
날마다!

<br>

| 13 |

## 불의의 값으로 불의를 당하며
## 낮에 즐기고 노는 것을 기쁘게 여기는 자들이니 점과 흠이라
## 너희와 함께 연회할 때에 그들의 속임수로 즐기고 놀며

존재론적으로
차원을 달리하시는
살아계신 하나님을
이해하는 만큼,
그리고
창조주 하나님을
나의 아버지요
우리의 아버지로 인정하는 만큼,
그리고
부활하신 예수님을
나의 주인으로 고백하는 만큼,
그리고

성경을 통해 알게 되는
하나님의 마음과 성품을
일상을 통해 경험하는 만큼,
그만큼,
나의 중심성은
힘을 잃어버리고,
어느 덧
하나님의 나라를
적극적으로 살아가고 있음을
발견하게 될 것입니다.
이처럼
어둡고 부패한,

그래서
불량할 수밖에 없는
세상의 이모저모 앞에서도
그리스도인답게
호흡하며 살아가기를
즐겁게 선택하고
마음껏 누려야 하겠습니다.
하여,
더 이상
향방이 없는

억지 같은 인생이 아니라
주체할 수 없는 감동과
마르지 않는 감사와 기쁨이
차고 넘치는 삶이되기를
오늘도 열망하게 하소서.
어찌하든지
날마다 성장하고 성숙하는
그리스도인으로 살아가게 하소서.
참으로 맑고 밝게!

| 14 |

음심이 가득한 눈을 가지고 범죄하기를 그치지 아니하고
굳세지 못한 영혼들을 유혹하며 탐욕에 연단된 마음을 가진 자들이니
저주의 자식이라

닫힌 눈과 귀가
열리지 않으면
매번 문제에 문제를 더하다
탈진하고 마는 것이
사람의 일반입니다.

지금 나의 마음 밭이
어떤 형편인지를
인식하지 못하면
생명과 약속의 말씀이
든든히 보장해준다고 해도

의미 없는 소리로
받아들이는 것이
사람의 일반입니다.
하여,
언제 어디서나
환경과 사람들로 인해
흔들리고 무너지는
그런 삶이 아니라
열려진 안목으로
바르게 바라보고 경청함으로
수준을 달리하며 직면하는
깨어있는 사람이 되기를
멈추지 말아야 하겠습니다.
비록

지금의 마음 밭이
황폐하고 메마르다고 할지라도
마침내 얻게 될
풍성하고 안정된
영혼의 추수를 위해
전인격적인 수고와 땀을
흘리고 또 흘리기를
멈추지 말아야 하겠습니다.
반드시 일어서게 될 것입니다.
반드시 나아가게 될 것입니다.
반드시 누리게 될 것입니다.
살아계신 하나님의 힘과 지혜로!
생명과 약속의 말씀으로!

| 15 |
## 그들이 바른 길을 떠나 미혹되어 브올의 아들 발람의 길을 따르는도다
## 그는 불의의 삯을 사랑하다가

경건의 바퀴를 움직이는
순종하는 삶과

기도하는 삶은
여전히 불확실하고 불안정한

오늘과 내일을 보증하는
기본 중의 기본입니다.
아무리 많은 재료들로
애써 덮으려고 해도
기본 중의 기본을
소홀히 여기거나 외면하면
비록 보장된
오늘과 내일이라고 할지라도
이내 무너지고 흩어지는 것입니다.
이토록
경건의 바퀴가 묶여 있는데
어찌 분별력이
더해지겠습니까!
그토록
분별력이 망실되어 있는데
어찌 힘을 다해
충성할 수가 있겠습니까!

하여,
또다시 전해지고 있는
분명하고 구체적인 그말씀에
기쁘게 즉시로 온전하게 순종하기를
선택해야 합니다.
갖가지 미혹과 핍박 중에도
살아계신 하나님과 대화하면서
가야할 길로 의연히 나아가고
해야 할 일을 마땅히 감당하기를
선택해야 합니다.
이와 같은 선택으로
지속적으로 혹은 혁명적으로
구별되게 하소서.
기본에 충실함으로
반드시 승리하게 하소서.
오늘도 내일도!

| 16 |

자기의 불법으로 말미암아 책망을 받되 말하지 못하는 나귀가
사람의 소리로 말하여 이 선지자의 미친 행동을 저지하였느니라

하여, 그말씀 그대로 1

하나님의 은혜를
참으로 귀하게 여기고
받은 은혜에 화답하고자
기꺼이 순종하는 삶은
살아계신 하나님의 역사를
강하게 그리고 지속적으로
불러일으킵니다.
한때는
미미하여 가려진 듯했지만,
숱한 수고와 땀 이상으로
마침내는
든든하고 넉넉한
믿음의 여정을
힘 있게 걸어가게 합니다.
더불어
동행하시는 성령님의 임재를
전인격적으로 인식하고 인정하는
겸손의 삶을
자원해서 살아가게 합니다.
하여,
지난 한때의
추억이나 감상 정도가 아니라

지금도
주체할 수 없이 전해지는
하나님의 은혜를
'얼마만큼 인지하고 있는지'에 대해
정직하게 살펴보아야 합니다.
나아가
오늘도
하나님의 은혜에
'어떻게 반응하고 있는지'를
진지하게 물어보아야 합니다.
이를 통해
'내가 얼마나 부족한 사람인지'를,
다시 말해서
'내가 얼마나 겸손한 사람인지'를
발견하게 될 것입니다.
이후로도
또다시 일어서게 하소서.
그 은혜에 화답하게 하소서.
순종의 삶으로!
믿음의 삶으로!
더욱 더욱!

## | 17 |

이 사람들은 물 없는 샘이요 광풍에 밀려 가는 안개니
그들을 위하여 캄캄한 어둠이 예비되어 있나니

---

불량한 시절을 향한
하나님의 엄중한 경고입니다.
하나님 중심을 이탈한
일상의 결국은
황량함 그 자체입니다.
열심히 달려가지만
끝없는,
심지어 열매 없는 삶을
반복할 뿐입니다.
한편,
어느 때에라도
피조물의 자리로 돌아가고,
때를 따라
밝히 그리고 세밀하게
보여주시고 인도하시는
하나님의 섭리와 역사를
소중하게 받아들이며,
때를 따라
마땅히 생각하고,

마땅히 느끼고,
마땅히 선택해야 할 바를
놓치거나 미루지 않고 살아가는
깨어있는 그리스도인은
반드시 달고 풍성한 열매를
맛보게 될 것입니다.
하여,
고단하고 분주한
일상 중에도
하나님 중심으로 살아가기를
소원해야 합니다.
비틀거리고 왜곡된
환경 중에도
말씀 중심으로 살아가기를
자원해야 합니다.
부도덕하고 절망적인
시대 중에도
예수님의 몸된
교회 중심으로 살아가기를

기뻐해야 합니다.
하여,
또다시
열매 맺지 못할
그런 생이 아니라
지속적으로
살아나고 깨어날
믿음의 삶을

적극적으로 살아가게 하소서.
또 다른 무엇을 더하려는
우매한 삶이 아니라
이미 받은 것으로도
자족하고 나누려하는
성숙된 삶을
적극적으로 살아가게 하소서.
또박또박!

## | 18 |

그들이 허탄한 자랑의 말을 토하며 그릇되게 행하는 사람들에게서
겨우 피한 자들을 음란으로써 육체의 정욕 중에서 유혹하는도다

어찌하든지
영적무지로부터
벗어나야 합니다.
어찌하든지
깊은 잠에서
깨어나야 합니다.
어찌하든지
의도적인 불순종을

차단해야 합니다.
나의 일상에
예수님을 주인으로 모시는 선택을
중단함과 동시에,
심지어
나의 이기적인 중심성이
활발하게 살아서 움직임과 동시에
전혀 기대하지 않았던

독한 열매들이 맺히고,
결국
그토록 귀한 세월을 흘려보내는
어리석은 자로 남게 된다는 사실을
늦지 않게 깨달아야 합니다.
또한
무질서했던 마음 밭이
잘 가꾸어지고 준비되는 만큼,
다시 말해서
귀가 더욱 열리고
눈이 더욱 밝아질수록
하나님께로부터 부어지는
갖가지 풍성함이

남은 삶을 통해
반드시 경험된다는 사실도
늦기 전에 깨달아야 합니다.
하여,
부지런히 듣고 보게 하소서.
지속적으로 선택하며
경험하게 하소서.
넉넉하게 누리며 나누게 하소서.
하나님의 은혜와 사랑을!
하나님의 말씀을!
하나님의 마음을!
하나님의 성품을!
오늘도 내일도!

| 19 |

그들에게 자유를 준다 하여도 자신들은 멸망의 종들이니
누구든지 진 자는 이긴 자의 종이 됨이라

힘들게 세운 공력이라도
부단히 훈련하기를 멈추면
이내 허물어지고 마는 것이

일반입니다.
나로부터 생산된
이런저런 자원들이

한때는 그렇게
자랑스러웠을지라도,
결국
유한하고 퇴색되기 마련입니다.
하여,
지금부터라도
새사람의 인격을
맑고 밝고 아름답게 빚어내고
지속적으로 이어가기 위해서는
살아계신 하나님께
나의 남은 생을
기꺼이 내어드려야 합니다.
여전히 부담스러울지라도
나의 남은 생을 위한
가장 완벽한 안내를
기꺼이 받아들여야 합니다.
참으로 불량한 세상이
믿음의 행보를
집요하게 방해할지라도
또박또박 정진하기를

기꺼이 선택해야 합니다.
더 이상
환경과 사람들에
지배를 당하는 일상이 아니라
오히려
환경과 사람들을
정복하고 다스리는 일상이 되도록
기꺼이 살아가야 합니다.
이로써
참 좋은
하나님의 자녀가 되고
신실하고 충성된
하나님의 자녀로 서게 하소서.
이로써
참 좋으신
나의 하나님이 증거되고
보호하시고 인도하시는
나의 하나님이 증거되게 하소서.
이후로도!

만일 그들이 우리 주 되신 구주 예수 그리스도를 앎으로
세상의 더러움을 피한 후에 다시 그 중에 얽매이고 지면
그 나중 형편이 처음보다 더 심하리니

지금 당장
사람의 눈을
가린다고 해서
하나님의 시선을
벗어날 수가 있겠습니까!
그럼에도
하나님의 마음을
시원하게 해 주는
사람들이 있는 반면,
하나님의 마음을
몹시도 아프게 했고
이후로도 여전히
그와 같은 삶을
애써 이어가려고 하는 사람들이
수없이 많다는 사실을
진지하게 인정해야 합니다.
신앙생활이 무엇인지를
바르게 알아가고

아는 대로 그리고 믿는 대로
자원하며 살아가는 사람은
어느 시대에나
적은 무리요 비주류라는 사실도
깊이 깨달아야 합니다.
이즈음에
나는 '어떤 방향을 취하고 있는지'
혹은
나는 '어떤 사람으로 살아가고 있는지'를
정직하게 자문해보아야 합니다.
살아계신 하나님의 교훈과 명령을
이미 알고도 어찌할 수 없이
'불순종하고 있지는 않은지'
혹은
의도적으로 불순종하고 있는
'참으로
위험한 수준에 이르지는 않았는지'를
겸손하게 살펴보아야 합니다.

하여, 그럼에도 그대로! 1

하여,
참으로 다행스럽게도
나의 무능함과 부패함이
절절히 깨달아졌다면
또다시 일어서기를 선택하고,

또다시 나아가기를 선택하며,
또다시 달려가기를 선택하게 하소서.
결국 완주하고야 마는
승리자가 되게 하소서.
하나님의 은혜와 사랑으로!

| 21 |
## 의의 도를 안 후에 받은 거룩한 명령을 저버리는 것보다
## 알지 못하는 것이 도리어 그들에게 나으니라

하나님의 자녀라 할지라도
환경과 사람들과 사건들로 인해
심히 요동치기를
반복적으로 허락하다보면
잡았던 중심이라도
이내 잃어버리고
무능하고 부패한 자기중심성에
깊이 빠져들기 십상입니다.
이제 또다시
때가 되었음에도 불구하고
예수님의 교훈과 명령을

반복적으로 무시하다보면
남은 생이라고 해도
결국 멸망으로 치닫고,
하나님의 은혜와 사랑이라고 해도
더 이상
경험할 수도 누릴 수도 없는
공허한 소리로 들려질 뿐입니다.
하여,
언제나
그말씀 앞에서만큼은
떠는 자가 되게 하소서.

강력한 섭리와 권고와
위로와 도전 앞에서
감격하며 떨든지
혹은
엄중한 경고와 훈계와
책망과 지도 앞에서
참회하며 떨든지,
참으로
가난하고 애통해 하는 심령이 되기를
어느 때에라도 사모하게 하소서.
날마다
정신을 빠짝 차리고,

깨어 살아가기를 다짐하며,
환경과 사람들과 사건들을 넘어
실재하는
영원한 실상을 바라보고
나아가게 하소서.
세상이 도무지 담아낼 수 없는
하나님의 은혜와 사랑을
기쁘게 받고 누리게 하소서.
하나님의 자녀답게!
예수님의 제자답게!
성령충만한 자답게!

| 22 |

참된 속담에 이르기를 개가 그 토하였던 것에 돌아가고
돼지가 씻었다가 더러운 구덩이에 도로 누웠다 하는 말이
그들에게 응하였도다

또다시,
그것도 자발적으로
그토록 무능하고 부패한 늪으로

삶을 돌이키려한다면
이전의 혼돈과 절망보다
더 짙은 비극을

하여, 그길음 그대로 1

맞이할 수밖에 없다는 것이
결론적인 권면입니다.
아무리 보장된 내일을
반복적으로 펼쳐 보여주어도
애써 눈을 감고
애써 귀를 닫아버리면
이미 정돈된 안과 밖이라도
결국 변질되고 왜곡되는 것입니다.
이같이 변함없는 진실을
이미 알고 있는데,
어찌
거짓과 위선으로 포장된 자처럼
모르는 듯 잊은 듯하며
살아갈 수가 있겠습니까!
이제는 내가 누구인지를
너무나 잘 알고 있는데,
어찌
무지하고 무각한 자처럼
열매 없는 선택으로

일관할 수가 있겠습니까!
내일의 약속이 무엇인지를
훤히 보며 알고 있는데,
어찌
향방 없이 헤매이는 자처럼
오늘의 소중한 기회를
흘려보낼 수 있겠습니까!
하여,
먼저는
살아계신 하나님 앞에서
정직하게 하소서.
동시에
주님의 몸된 교회 앞에서
정직하게 하소서.
그리고
남은 생 앞에서
정직하게 하소서.
때마다 일마다!

## 제8부

# 주의 날이
# 도둑 같이
# 오리니

## The day of the Lord
## will come like a thief

(베드로후서 3장)

# | 01 |
## 사랑하는 자들아 내가 이제 이 둘째 편지를 너희에게 쓰노니
## 이 두 편지로 너희의 진실한 마음을 일깨워 생각나게 하여

그저 주어진 시간이 아니라
주인의 뜻을 이루기 위한
365일이 되어야 마땅합니다.
세상이 번잡하고 불량할수록
믿음의 내용과 실제는
더욱 명쾌하고 단순해야 합니다.
또 다른 주인의 뜻을
찾으려 애쓰기보다는
이미 분명하게 선포된 그 뜻을
준행하며 살아가고자
수고하고 땀 흘려야 합니다.
하여,
먼저는
어떤 형편에서든지,
어느 곳에서든지,
언제든지
예수공동체 안에서 재발견된
나의 나됨을 담대하게

선포하게 하소서.
어떤 형편에서든지,
어느 곳에서든지,
언제든지
예수님을 주인으로
인정하고 고백하게 하소서.
어떤 형편에서든지,
어느 곳에서든지,
언제든지
살피시고 인도하시는
주인의 손길을
전인격으로 감지하면서
친밀한 대화를 누리게 하소서.
어떤 형편에서든지,
어느 곳에서든지,
언제든지
기뻐해야 할 마땅한 이유로
기뻐하고 기뻐하게 하소서.

어떤 형편에서든지,

어느 곳에서든지,

언제든지

감사해야 할 마땅한 이유로

감사하고 감사하게 하소서.

이와 같은 일상으로

예수공동체를 향한 믿음이

깊고 넓게 뿌리내리게 하소서.

이와 같은 일상으로

365일 전체가

주인의 뜻으로 충만하게 하소서.

처음부터 끝까지!

| 02 |

곧 거룩한 선지자들이 예언한 말씀과
주 되신 구주께서 너희의 사도들로 말미암아 명하신 것을
기억하게 하려 하노라

세월이 이만큼 지나도

결코 변할 수 없고

변해서도 안 되는 진실이

여기에 있습니다.

그것은

'나'라는 존재가

애초에 '주인'이 아니라

주인의 목적과 계획 안에 있는

'피조물'이라는 사실입니다.

나 혹은 세인들의

인정여부에 관계없이

육안으로 볼 수 없는 하나님은

지금도 살아계시고 역사하시며,

하나님께 속한 영원한 실상은

지금도 현재하고 있다는 사실입니다.

이후로도 진실로

구하고 찾고 두드리는 자는

하나님의 자원을 공급받고

하여, 그말씀 그대로 1

지속적으로 누릴 수 있다는 사실입니다.

이처럼

주인의 공동체 안에 들어선 자는

참으로 행복한 사람입니다.

주인의 뜻과 마음을 헤아리고

자원함으로 순복하는 자는

이미 보장된 행복을

오늘도 누리고 있는 사람입니다.

그 이름 그대로

'그리스도인'입니다.

'주인을 따르는 사람'입니다.

'주인의 마음을

시원하게 해드리는 사람'입니다.

하여,

처음부터 끝까지

거짓 없는 진실로 인해

그간의 수고와 땀이

날을 거듭할수록 열매 맺게 하소서.

이미 맛보아온

영원한 실상의 진미를

누리며 나누게 하소서.

거짓 없는 진실의

산 증인이 되게 하소서.

오늘도 내일도!

| 03 |

먼저 이것을 알지니 말세에 조롱하는 자들이 와서
자기의 정욕을 따라 행하며 조롱하여

사람이 살아가는 어느 곳이든

악인은 함께 하기 마련입니다.

사람이 당장은 고상해보여도

속내는 전혀 다를 수 있는 것입니다.

사람의 안과 밖을

바르게 분별하는 힘은

악인에 대한

명확한 이해로부터 출발합니다.

성경을 통해
악인이란
그저 남보다도 더
악의적인 생각이나 행동으로
불이익을 주거나
위협을 가하는 사람이 아님을
이해하게 됩니다.
성경이
반복적으로 일깨워주고 있는
악인이란
하나님 중심을
떠나버린 사람이고,
하나님의 마음을
외면해버린 사람이며,
하나님의 편에서
살아가지 않는 사람인 것입니다.
이처럼
누구든지
하나님 중심을 떠나버리면

하나님의 편에 설 수 없고,
하나님의 마음을 외면해버리면
하나님의 일을
감당할 수 없는 법입니다.
결국
악인으로 남게 되는 것입니다.
하여,
오늘도
'내가 어디에 서 있는지'를
살펴보아야 합니다.
'어디를 향하고 있는지'도
물어보아야 합니다.
그리고
변질되지 않는 중심으로
하나님의 편에 서기를
자원해야 합니다.
이같이 복된 자로 서게 하소서.
이같이 복된 길로 나아가게 하소서.
어떤 형편에서든지!

## 이르되 주께서 강림하신다는 약속이 어디 있느냐
### 조상들이 잔 후로부터 만물이 처음 창조될 때와 같이 그냥 있다 하니

약속하고 있는 대상을 아는 만큼
약속에 대한 믿음이 커지는 법입니다.
어느 시점부터
약속하신 말씀에 대한
신뢰감이 떨어지고,
그말씀을 믿고
선택하며 살아가는 실제가
일상을 통해 드러나지 않는다면
살아계신 하나님을
여전히 '얼마나 잘 알고 있는지'를
정직하게 물어보아야 합니다.
창조주 하나님 앞에
남녀노소가 어디 있겠습니까!
주인되신 예수님 앞에
빈부귀천이 어디 있겠습니까!
하나님을 떠난
사람 사람의 형편은
동서고금을 무론하고
크게 다르지 않다는 사실은

이미 주지해온 바입니다.
예수님을 주인으로 모시지 않는
사람 사람의 형편은
결국 헛되고 헛된 결론을
맞이할 수밖에 없다는 사실도
이제껏 들어온 바입니다.
오늘도 내일도
남은 생 전체도
더 없이 훌륭하고
더 없이 풍성한 일상으로 채우는
가장 적극적인 비결은
변함없는 약속으로 함께 하시는
성부 하나님을
알아가는 일입니다.
날마다 새롭고 신선하게 다가오시는
부활하신 성자 예수님을
배워가는 일입니다.
그리고
한 순간도

떠나지 않으시고 지도하시는
성령 하나님을
인정하며 따라가는 일입니다.
하여,
정말이지 지금도
하나님을 잘 알고 있지 않다면
지금부터라도
차근차근히 배워가고 알아가며

아는 만큼 살아가기를
훈련하게 하소서.
이후로도
하나님을 알아가는 일상이
얼마나 기쁘고 아름다운 삶인지를
경험하고 누리게 하소서.
그말씀과 함께!

<br>

| 05 |

이는 하늘이 옛적부터 있는 것과 땅이 물에서 나와 물로 성립된 것도
하나님의 말씀으로 된 것을 그들이 일부러 잊으려 함이로다

<br>

적어도
세월의 흐름 만큼만이라도
영적인 시력이
맑아지고 밝아져야 합니다.
이전에는
도무지 감지할 수 없었고
이해하기 힘들었던
하나님의 일하심과

하나님의 절절한 마음을
평범한 일상을 통해서도
충분히 경험해야 합니다.
이제는
'누구인지',
'무엇을 위해 살아가고 있는지',
'나아가야 할 길은 어느 방향인지'가
오늘의 선택과 반응으로도

분명히 드러나야 합니다.
이것은
정상적인 신앙생활이 만들어 낸
지극히 선한 열매입니다.
이것은
깨어있는 그리스도인이라면
마땅히 공감할 수 있는
믿음의 실제입니다.
하여,
바르고 신실하게
아는 바대로 믿는 바대로
살아가게 하소서.
너무나 소중한
시간과 자원을 가지고도
개념도 방향도 없이

그저 왔다가 사라지는
악하고 게으른 종교인이 아니라
부족하고 연약함 중에도
최선의 혹은 최고의 가치를
내어드리며 나누어 주는
착하고 충성된 신앙인으로
살아가게 하소서.
이제도 이후로도
생명과 약속의 말씀을 따라,
지도하시고 인도하시는 성령님을 따라
생각하고 느끼며 선택하고 실천하는
성숙된 그리스도인으로
살아가게 하소서.
더욱 맑고 밝은 시력으로!
여전히!

| 06 |

## 이로 말미암아 그 때에 세상은 물이 넘침으로 멸망하였으되

하나님의 뜻!
특별히

하나님의 허용적인 뜻은
지금 반응하고 있는

나의 인내와 나의 순종과 나의 기도가

채워질 때까지 가보아야

확인되고 확신할 수 있다고 했습니다.

그러나 여전히

인내하지 못하고,

순종하지 못하고,

기도하지 못하는

나의 연약함과 부족함 때문에

나를 향한 그 온전한 뜻이

지연되거나 왜곡되고 있다면

또다시

인내하는 자리로,

순종하는 자리로,

기도하는 자리로

나아가야 마땅하다 하겠습니다.

이처럼

대안은

언제나 명료하고 단순합니다.

이처럼

깨어있는 그리스도인은

아직도 부족하고 연약한

자신의 모습을 알고 있기에

여전히

인내하고,

순종하고,

기도하기를

멈추지 않습니다.

하여,

참으로 복잡하고 불량한

환경과 사람들 앞에서도

더욱 맑고 밝은 사람이 되기를

소망하게 하소서.

하나님의 뜻이

나와 몸된 교회를 통해

마침내 이루어지게 하소서.

인내함으로!

순종함으로!

그리고 기도함으로!

| 07 |

이제 하늘과 땅은 그 동일한 말씀으로 불사르기 위하여 보호하신 바 되어
경건하지 아니한 사람들의 심판과 멸망의 날까지 보존하여 두신 것이니라

회개에 대한
반복적인 권고에도 불구하고
어제와 같은 방식으로
오늘의 일상도
일관하고 있다면
심각한 영적침체에
빠져있다고 해도
전혀 무리가 아닙니다.
지극히 선하고 풍성한
안내와 도전 앞에서도
옛사람의 악성과 악습 그대로
선택하며 살아가는 편이
오히려
쉽고 가볍다고 여긴다면
돌이킴을 위해
지불해야할 대가는
그만큼
어렵고 중하다고 해도
전혀 무리가 아닙니다.

하여,
언제든지
제자리로 돌아갈 수 있는 경계를
넘어서기만큼은
끝까지 거부해야 합니다.
넘어지고 무너질지라도
다시 일어서고 세워져야 할
필요만큼은
끝까지 받아들여야 합니다.
그리고 마침내
나의 무능함과 부패함에
크나큰 후회감이 솟구칠 때
여전히
기다리시고 앞서 계신
살아계신 하나님의 마음 안으로
자발적으로 들어가야 합니다.
이처럼
반드시 살아나고 깨어날
여정으로 나아가게 하소서.

참으로 복된 삶의 자리에
변함없이 머물게 하소서.
창조주 하나님을 믿는
자녀답게!

부활하신 예수님을 따르는
제자답게!
성령님으로 충만한
성도답게!

| 08 |

## 사랑하는 자들아 주께는 하루가 천 년 같고
## 천 년이 하루 같다는 이 한 가지를 잊지 말라

여전히 불신하고
그래서 불순종할 수밖에 없는
무지하고 무감각한 자들을 향한
하나님의 기다리심은
하루의 짧은 시간이라도
천년의 시간으로 여길 정도로
그렇게 절절히 사무칩니다.
반면,
약속의 말씀을 따라
순종하고 행하는 자들을 향한
하나님의 기쁨은
천년의 시간이라도

하루같이 여길 정도로
그렇게 그윽이 충만합니다.
하나님의 생명을 아는 만큼,
영원한 생명을 아는 만큼,
유일하신 참 하나님과
그가 보내신 자
예수 그리스도를 아는 만큼
오늘을 살아가는
나의 안과 밖은
고양되기 마련입니다.
이와 함께 반드시,
약속하신 영생은

오늘의 일상에도 실제가 되고,
하나님과의 친밀함은 더해지며,
부활하신 예수님이
남은 생의 주인되심이
드러나기 마련입니다.
이와 함께 반드시,
하나님의 나라는
장소적인 개념을 넘어서고,
관계적인 개념으로 구체화되며,
이미 맡겨진 자원을
신실하고 충성된 청지기로

지혜롭게 관리하고
사용하기 마련입니다.
하여,
하나님의 기쁨이 되게 하소서.
하나님의 마음을 품게 하소서.
하나님의 사람으로
살아가게 하소서.
믿음의 사람으로!
순종의 사람으로!

| 09 |

주의 약속은 어떤 이들이 더디다고 생각하는 것 같이 더딘 것이 아니라
오직 주께서는 너희를 대하여 오래 참으사 아무도 멸망하지 아니하고
다 회개하기에 이르기를 원하시느니라

이토록 불법이 날개치고
불의한 사람들이 득세하지만
하나님의 나라는 여전히 건재하고
하나님의 사람들은

흔들림이 없습니다.
보이는 세상을
전부로 여기는 사람들이,
심지어

하나님의 은혜와 사랑을
진하게 경험한 그리스도인들이
제각각 기회를 놓칠세라
주인행세를 하려하지만
오히려
내면의 무능함과 부패함을
밑바닥까지 드러내고야 마는 신세로
떨어지기 마련입니다.
살아계신 하나님 앞에서도,
그것도 처음부터 지금까지의
가려진 모든 비밀함을
알고 계시는 하나님 앞에서도
낮아지고,
정직해지고,
겸손해지기를
선택하지 않으면
정말이지 돌이키기 힘든
깊은 나락으로
떨어지기 마련입니다.
그럼에도 불구하고

하나님의 사랑은
여전히 끝이 없고,
하나님의 공의는
반드시 살아날 자를 살리고
반드시 깨어날 자를 깨웁니다.
결국
일어서게 하시고,
돌아서게 하시고,
나아가게 하실 때
하나님의 하나님되심은
가는 곳마다 머무는 곳마다
더욱 진하게 증거될 것입니다.
하여,
어찌하든지
하나님 중심으로 나아가게 하소서.
하나님의 말씀을 따라 행하게 하소서.
하나님의 마음을 알아가고
그 만큼 혹은 그 이상으로
누리게 하소서.
하나님의 사람답게!

그러나 주의 날이 도둑 같이 오리니 그 날에는 하늘이 큰 소리로 떠나가고
물질이 뜨거운 불에 풀어지고 땅과 그 중에 있는 모든 일이 드러나리로다

누가 하나님의 선하심을
의심할 수 있겠습니까!
누가 하나님의 일하심을
방해할 수 있겠습니까!
누가 하나님의 다스리심을
대적할 수 있겠습니까!
누가 하나님의 심판을
피할 수 있겠습니까!
어찌 지난 생이 길었다고
주장할 수 있겠습니까!
어찌 나만큼은 무죄하다고
우겨댈 수 있겠습니까!
그렇게 짧은 생을 살아온 것을
그리고
그토록 무능하고 부패했음을
지금도 너무나 잘 알고 있는데
어찌 남은 생을 그렇게
낭비할 수가 있겠습니까!
그러나

마땅히 이렇다고 해도
지금 이 자리에서
피조물된 자기인식이
살아나고 세워지지 않고서는
남은 생도
개념 없이 그러다 결국
열매 없는 한 날 한 날로
채워질 수밖에 없음을
결단코 잊지 말아야 합니다.
하여,
이미 약속하신 생명의 말씀을 통해
창조주 하나님의 권고와 경고를
진중히 받아들여야 합니다.
더불어
심히 왜곡되고 어긋난
삶의 이모저모를
정직하게 정리해야 합니다.
그리고 반드시
하나님이 원하시는

그 자리로 나아가고,

하나님이 일하시는

그 자리에 머물러야 합니다.

이로써

충만하게 하소서.

풍성하게 하소서.

차고 넘치게 하소서.

넉넉히 흘러가게 하소서.

한 날 한 날이!


## | 11 |
### 이 모든 것이 이렇게 풀어지리니
### 너희가 어떠한 사람이 되어야 마땅하냐 거룩한 행실과 경건함으로

---

약속의 말씀에 따라 살아감이

이미 받은 구원을

건강하게 세우는 비결임은

아무리 일깨워도

지나침이 없습니다.

이와 동시에

예수님을 중심으로 하는

영적관계성 안으로

자발적으로 들어감이

이미 받은 구원을

더욱 건강하게 유지하는 비결임도

잊어서는 안 됩니다.

결국

말씀 중심과 교회 중심은

반드시 함께 가야 하는 것입니다.

머리되신 예수님과의 바른 관계는

몸된 지체와의 바른 관계로

반드시 연결되어야 하는 것입니다.

그럼에도 불구하고

시대와 환경과 사람들이

부추기는 이해와 반응은

오히려

바른 신앙생활로부터
점점 멀어지게 하고,
이미 받은 구원으로
말씀과 교회의 진미를
맛보지도 누리지도
못하게 만드는 형편이
일반인 듯합니다.
어찌 해야 하겠습니까!
답은 이미 알려진 것이고,
아는 바대로 믿는 바대로

살아가야 하는 것임은
분명한 것입니다.
하여,
불신과 불순종의 유혹을
단호히 거절하게 하소서.
말씀과 영적관계성 안으로
지속적으로 나아가게 하소서.
이로써
살아나고 깨어나게 하소서.
이미 받은 구원이!

## | 12 |

### 하나님의 날이 임하기를 바라보고 간절히 사모하라
### 그 날에 하늘이 불에 타서 풀어지고 물질이 뜨거운 불에 녹아지려니와

가려진 모든 것이
명백히 드러나게 될 것은
이미 약속된 바입니다.
유한한 현실을 살아가면서도
갖가지 장애와 한계를 이겨낼 수 있는
하나님의 자원을 넉넉히 보장받고

때를 따라 실제로 경험할 수 있음은
'아무나'가 아닌
'누군가'의 특권임이
분명합니다.
이제 때가 되어
비로소 '그 사람'이 되었다는 사실은

참으로 놀랍고 귀한 사건임이
분명합니다.
이후로도 마땅히
예수님의 교훈과 명령이
일상의 기준이 될 것이기에
이미 거듭난 새사람의 인격은
더욱 건강하게 세워질 것이고
더욱 아름답게 다듬어질 것이라
기대하며 소망합니다.
그리고 마침내
영원한 실상과 유한한 허상이
어떻게 뚜렷이 드러날 것인지도
인내하며 기다립니다.
이와 같은 소망과 기다림으로
부활예수를 주인삼고 끝까지 따라갔던

믿음의 선배들처럼
유한한 일상 중에도
영원한 실상을
바라보아야 하겠습니다.
오늘의 장애와 한계 앞에서도
약속의 말씀을
기억해야 하겠습니다.
하여,
또다시 간구하게 하소서.
또다시 일어서게 하소서.
또다시 경험하게 하소서.
하나님께 속한
영원한 자원을!
하나님이 공급하실
넉넉한 자원을!

## | 13 |
## 우리는 그의 약속대로 의가 있는 곳인 새 하늘과 새 땅을 바라보도다

조석으로,
심지어는

하루에도 여러 차례
엎치락뒤치락 해왔던

나의 감정과 판단을
신뢰하기 보다는
변함없이 신실한
생명과 약속의 말씀을
의지하고 따라가는 삶은
새사람으로 거듭난 동시에
경험할 수 있는 '덤'이 아닙니다.
살아계신 하나님이 믿어지고,
부활하신 예수님이 믿어지고,
동행하시는 성령님이 믿어져도
지금도 들려지고 보여지는
그말씀을
소중하게 여기는 가운데
삶으로 체득하기까지
반복적으로 순종하지 않으면
또다시
나의 감정과 판단에
지극히 충실해지는 법입니다.
이처럼

성장하고 성숙하는
새사람의 신앙인격은
그저 세월 따라
자연스럽게 세워지는 것이 아닙니다.
때마다 일마다 감당해야 할
수고와 땀을 소홀히 여길수록
세월이 한참이나 지나도
오히려 무뎌지고 무감각해져서
어리석고 안타까운 자리에
머물 수밖에 없는 것입니다.
하여,
남은 생도
영원한 실상에
마음과 삶을 맡기게 하소서.
지속적으로 바라보고,
지속적으로 의지하며,
지속적으로 살아내게 하소서.
새사람의 신앙인격으로!

그러므로 사랑하는 자들아 너희가 이것을 바라보나니
주 앞에서 점도 없고 흠도 없이 평강 가운데서 나타나기를 힘쓰라

신앙의 연수가 더해질수록
하나님의 마음과
하나님의 관심과
하나님의 일하심에
절절히 공감해야
마땅한 것입니다.
시대와 장소를 불문하고
참으로 고질적인
옛사람의 악성과 악습으로부터
벗어나려하기보다는
지극히 고상하고 풍성한
새사람의 품새를
열심히 배우고 익히는 것이야말로
나의 무능함과 부패함을 이겨내는
아주 적극적인 방법임은
자명한 사실입니다.
때를 따라
말씀하시고 도전하시는
하나님의 음성을 마음에 담고,

불미하고 부족한 형편 중에도
마침내 살아질 때까지
무한히 순종하기를 마다하지 않는
참 제자도(道)야말로
내용 없는 대책으로 난무한
이 시대의 풍조를 이겨내는
아주 강력한 방법임도
자명한 사실입니다.
하여,
언제든지
깨어나기를 소원해야 합니다.
언제든지
세워지기를 소원해야 합니다.
언제든지
채워지기를 소원해야 합니다.
이로써,
언제든지
낮아지게 하소서.
언제든지

비워내게 하소서.

언제든지

살아가게 하소서.

참 제자도(道) 그대로!


## | 15 |

## 또 우리 주의 오래 참으심이 구원이 될 줄로 여기라
## 우리가 사랑하는 형제 바울도 그 받은 지혜대로 너희에게 이같이 썼고

불신과 불순종으로 일관하는 한 날을

천년의 기간으로 여기시듯

그렇게 애통하시는

하나님의 절절한 마음을

삶으로 깨닫기까지

기다리시고 또 기다리시는

참 좋으신 하나님이십니다.

사람의 바램과 시도만으로는

도무지 돌아설 방법이 없었던

안과 밖의 이모저모가

새롭게 재편되고,

애초에 계획하셨던

하나님의 생각과 길 그대로

나아가기를 선택하는 자들을 향해서는

천년의 기다림도

한 날의 아픔정도로 여기시는

참 좋으신 하나님이십니다.

결국

하나님의 마음을

'얼마나 깨닫고 있는가'

하는 것입니다.

이와 동시에

하나님의 마음에

'어떻게 반응하고 있는가'

하는 것입니다.

하나님의 관심을 벗어난

갖가지 업적과 결과들이

마침내 무너질 수밖에 없는

바벨탑이라는 사실을
삶으로 깨달아 아는 자는
또다시
어리석은 몸부림으로
하나님의 일하심을
방해할 수도 없고,
그저 때마다 일마다 마련된
하나님의 자원과 환경과 만남을
진실로 감사하며 누리게 되는 것은
정한 이치입니다.
하여,

먼저는
철저히 낮추어야 합니다.
눈과 귀를 열고
마음 밭을 갈아엎어서라도
하나님의 계획과 일하심을
깨달아야 합니다.
더 이상
나 중심의 삶이 아니라
하나님 중심의 삶을 살아가게 하소서.
마지막까지!

| 16 |

또 그 모든 편지에도 이런 일에 관하여 말하였으되
그 중에 알기 어려운 것이 더러 있으니
무식한 자들과 굳세지 못한 자들이 다른 성경과 같이
그것도 억지로 풀다가 스스로 멸망에 이르느니라

살아계신 하나님의 은혜와 사랑에
얼마나 큰 빚을 지고
살아가고 있는지를

헤아리는 만큼,
다시 말해서
하나님 중심,

말씀 중심,
교회 중심으로부터
얼마나 멀리 떨어져서
살아가고 있는지를
정직하게 점검하고 헤아리는 만큼
오늘과 남은 생도
반드시 수정되고 세워지기 마련입니다.
애초에 계획하신
하나님의 생각과 길은
결단코 나 중심에서 멈추지 않고,
하나님 중심,
말씀 중심,
교회 중심을 향해
깊이 들어가게 하고
그 풍성함을 누리게 합니다.
더불어
미처 깨닫지도 경험하지도 못하는
무지하고 무각한 사람들을 향해서
또다시 나아가게 합니다.
이처럼 날마다
그 빛을 헤아리는 깨어있는 사람은

환경과 사람들로 인해 꼬여버린 매듭을
유한한 나의 자원으로 풀려하기보다는
모든 것을 아시고
모든 것이 가능한
살아계신 하나님께 맡기며,
그토록 어둡고 부패한
환경과 사람들을 향해
진실로 축복하며 나아가기를
멈추지 않습니다.
어느 듯
하나님의 섭리와 역사는 일어나고,
단단히 꼬였던 매듭은 풀어지며,
하나님으로부터 부어지는 평화를
맛보고 누리며 나누는
믿음의 사람으로 살아갑니다.
하여,
하나님 중심,
말씀 중심,
교회 중심으로 살아가게 하소서.
그 빛을 헤아리면서!
때마다 일마다!

그러므로 사랑하는 자들아 너희가 이것을 미리 알았은즉
무법한 자들의 미혹에 이끌려 너희가 굳센 데서 떨어질까 삼가라

배우고 알아도
몸소 실천하기를
반복하지 않으면
그 많은 교훈과 명령은
사상누각에 이르게 되는 것입니다.
이만큼 진보한 세상을 살아가더라도
사람이 품고 있는
무능하고 부패한 본성은
많이 배우고 많이 알아도
삶으로 적용하고 실천하기를
꺼려한다는 것입니다.
그것이
정직함과 성실함을
더욱 필요로 하는 내용일수록
잊은 듯 모르는 듯
그렇게 반응하며 살아가기를
선택한다는 것입니다.
어느 시대에나
어느 곳에서나

어떤 형편에서도
하나님의 아들
예수 그리스도의 복음으로
충분하고 충만해야 하는데
사람을 움직일만한
더 확실하고 매력적인 무엇인가가
더해져야 한다고들
소리 높여 강조하기도 합니다.
그럼에도 불구하고
오늘도 내일도 여전히
나와 우리를 살리고 깨우는
바른 복음으로 살아가야 합니다.
더불어
아직도 무지하고 무각해서
불신하고 불순종하고 있는
환경과 사람들을 향해
오늘도 내일도 여전히
바른 복음을 나누어야 합니다.
하여,

하나님 중심으로 살아가게 하소서.
말씀 중심으로 살아가게 하소서.
예수님의 몸된 교회 중심으로

살아가게 하소서.
하나님이 보시기에!
사람이 보기에도!


| 18 |

## 오직 우리 주 곧 구주 예수 그리스도의 은혜와 그를 아는 지식에서 자라 가라
## 영광이 이제와 영원한 날까지 그에게 있을지어다


살아갈수록 그야말로
진미(眞味)와 진향(眞香)을 느끼게 하는
아름답고 풍성한
믿음의 사람이 되었으면 합니다.
나이를 더해감에 따라
세상의 지식은 서서히 잊혀지고
결국 무용으로 돌아갈 수밖에 없다는
변함없는 사실 앞에서도
생명과 약속의 말씀을
부지런히 익히고 순종하면서
하나님을 아는 지식,
예수님을 아는 지식,
성령님을 아는 지식이

더 깊이 뿌리내리고
더 넓게 뻗어나가는
신실한 사람이 되었으면 합니다.
이처럼 불미하고 불량한 시절 중에도
흔들리거나 변질되지 않고
지극히 정상적인 신앙의 여정을
여전히 걸어가고 있는
깨어있는 사람이 되었으면 합니다.
하여,
예수님의 하나님되심 앞에
마땅히 피조물된 자리로
나아가게 하소서.
예수님의 주인되심 앞에

철저히 순복하는 자리로
나아가게 하소서.
생명과 약속의 말씀으로
위로하시고 권면하시고 도전하시는
하나님의 일하심 앞에
기쁘게 순종하는 자리로
나아가게 하소서.
남은 생 끝까지
포기하지 않으시고 일깨우시는

성령님의 인도하심 앞에
겸손히 따라가는 자리로
나아가게 하소서.
불편함과 불이익을
감수하고서라도!
이제부터라도!
혹은 이후로도!
예수님의 몸 된 교회와 함께!
반드시!

| 나오면서 |

■ ■ ■

💬

## 독자들을 위한 Tips

1. 이 책은 세상 속에서 살아가는 그리스도인의 지속적이고 혁명적인 변화는 '생명과 약속
   의 말씀'을 향한 집중력과 '그말씀 그대로' 살아내는 실천력에 달려있음을 날마다 일깨워
   줍니다. 실제로 지난 긴 시간동안 날마다 성경을 읽고 생각하며 실천할 수 있도록 안내
   해 온 기도문들이기에 묵상훈련에 도움이 될 것입니다.

2. 이 책은 지면을 가득 채운 산문이 아니라 여백이 많은 기도문이기에 바쁜 일상 중에도
   어렵지 않게 책을 펼치고 읽어내려 갈 수 있을 것입니다. 그 여백에 각자의 생각, 느낌
   그리고 결단의 내용을 추가하며 메모로 남겨도 좋을 것입니다.

3. 이 책의 한 페이지 한 페이지를 통해서 오늘 주어진 삶의 동기와 이유와 목적을 매일 단
   위로 점검하면서 결국 반복의 중요성을 체득하게 될 것입니다. 이와 같은 반복된 일상은
   예수님 중심, 말씀 중심, 교회 중심의 바른 신앙생활로 이어질 것입니다.

♥♥

## 또 하나의 바램

홍수 중에는 마실 물이 늘 부족하듯이, SNS를 통해서 이미 말씀 홍수시대가 열려버린 오늘과 내일에는 필연적으로 말씀 기갈(飢渴)현상이 두드러질 수밖에 없음을 조심스럽게 예견합니다. 이즈음에 이 책이 영적각성과 영적갱신의 마중물(引水, priming water)이 되고, 이후로도 "하여, 그말씀 그대로" 시리즈(에베소서·디도서, 데살로니가전후서)가 출간되어 여전히 깨어 있는 목회자님들과 성도님들에게 '그리스도인으로 살아가야 할 마땅한 이유'를 든든히 붙잡게 하는 시원하고 달콤한 생수(生水, living water)가 되기를, 그리고 마침내 '그말씀 그대로' 살아가도록 도전하고 안내하는 하나님의 선한 도구가 되기를 바라고 기도합니다.

2021년 6월 | 부산 남산동에서 | **윤영철 목사**

# 하여,
# 그말씀
# 그대로¹
─────
# 베드로
# 전후서
─────